「尊皇討奸」の日章旗

蹶起部隊が所持していた日章旗．血痕は安藤輝三大尉が自決を試みた時のものと言われる．この旗は，処刑された青年将校たちの遺族会仏心会から防衛研究所に寄贈されたもの．

丹生部隊によって掲げられた
「尊皇討奸」の日章旗

山王ホテルには主に丹生部隊と安藤部隊がいた．安藤はここで29日拳銃自殺を試みたが失敗した．山王ホテルは1983年に閉鎖され，現在山王パークタワーが立つ．

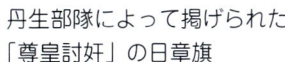

軍法会議記録

なくなったと思われていた二・二六事件の軍法会議記録を北博昭氏が1989年に東京地検にあることを発見したのは研究上極めて重要な成果であった．判決の部分などが公刊されているが全文はまだであり公刊が待たれている．

戒厳司令部となった軍人会館とその前の鎮圧部隊

26日朝、蹶起部隊の磯部浅一が古荘幹郎陸軍次官を短刀で威圧し陸軍省職員を軍人会館に行かせたが，結局そこが戒厳司令部となった．28日にはここで石原莞爾参謀本部作戦課長起案の大詔渙発上奏案に対する応酬があった．

現在の九段会館

当時流行の帝冠様式の建物軍人会館は昭和9年に建てられたものだが，戦後はGHQに使われた後九段会館という名称で存続していた．しかし老朽化で最近廃止が決まった．二・二六事件を物語る数少ない建物がなくなることになる．

教育総監渡辺錠太郎邸

高橋太郎・安田優両少尉は約30名を率いて上荻窪の渡辺邸を襲撃した．渡辺は拳銃で応戦，6発の弾丸は撃ち尽くされていた．読書家で有名な人であったが，軍人らしい最期であった．邸は平成20年に取り壊された．

大蔵大臣高橋是清邸

中橋基明中尉率いる約60名は赤坂表町にあった高橋邸を襲撃した．高橋は日露戦争の外債募集，昭和初期の金融恐慌の解決など，経済でそれまでの日本を支えた人であった．高橋邸は現在，江戸東京たてもの園にある．

敗者の日本史 19

二・二六事件と青年将校

筒井清忠

吉川弘文館

目　次

図版目次

〔口絵〕

〔挿図〕

クーデターの「真実」　プロローグ

二・二六事件は近代日本史上唯一最大のクーデター事件である。それだけに、どうしてこのような事件が起きたのか、どういう経過を辿ったのかといったことについての関心は事件が起きた当時から高く、それは今日に至るまで様々な「浮説」のようなものを生んでいる。

事件についての真実は、戦前は一部の人にのみある程度のことが知られたが、その全貌が知られるようになり始めたのはようやく戦後のことである。そして、青年将校の遺書や手記が発表され、裁判の記録が読めるようになるなどのことが積み重ねられた結果、今日ではほぼその全貌がわかるようになった。

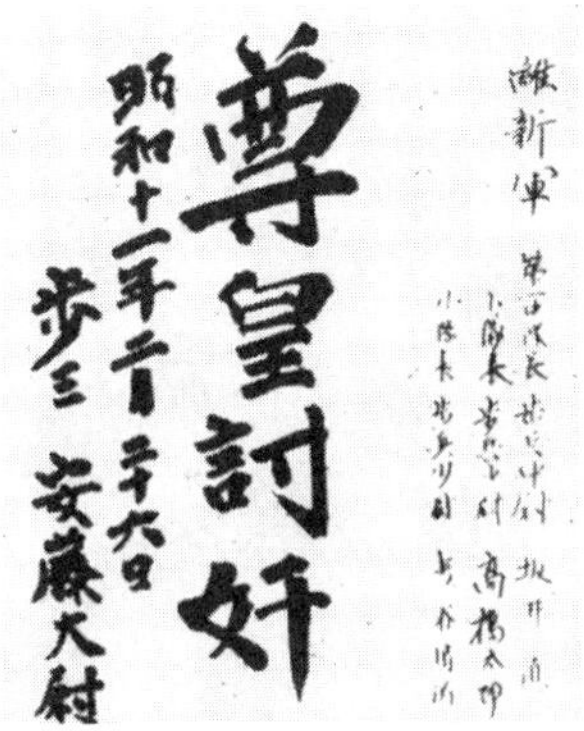

青年将校の寄書

しかし、多くの人の興味を引く事件だけに、事件当時の「浮説」や「流言蜚語」をそのまま歴史的事実としたものや、それに尾ひれをつけた類の歴史叙述は長く続けられており、それは今日でも横行していると言っても過言ではない。言いかえると正確な資料に基づいた学術的研究の成果と一般向けの書物との間には大きなギャップがあると言ってもよいかもしれない。これは日本国民にとって不幸なことである。

本書はこうしたギャップを埋めるべく、もっとはっきり言えば不正確な「流言蜚語」的歴史叙述には退いてもらうべく書かれたものである。すなわち、本書は今日の研究水準に基いた過不足ない事件の全体像の解明・叙述を行うことを目標としたものである。本書を通して、読者に事件についての真実を知ってもらい、さらにそれを昭和史の正確な理解につなげてもらえればと思う。

こうした前提のもとに以下早速叙述を始めることにしたい。

※資料の引用にあたっては読みやすさを考慮し、旧仮名遣い・漢字を現代の仮名遣い・漢字に修正、原典がカタカナ表記のものもひらがな表記に直し、適宜ルビを付した。また出典表記は、巻末の参考文献と対応させた。

I

昭和維新運動

1―北一輝（左）と西田税（右）

北の写真は大正11年（1922）に猶存社で撮影したもの．この頃北の『国家改造案原理大綱』はすでに影響を及ぼし始めていた．西田の写真は二・二六事件直前の時期に撮影したもの．大正後期に知り合った二人は緊密な師弟関係となり，二・二六事件に至る昭和維新運動の中核的存在となる．

1　北一輝と猶存社

老壮会の設立

二・二六事件に至る昭和維新運動はいつ始まり、どのように展開してこの事件にまで至ったのか。話は大正中期の昭和維新運動の揺籃期に遡らねばならない。その頃成立した老壮会《ろうそうかい》・猶存社《ゆうぞんしゃ》こそ昭和維新運動の源流ともいうべきものなのである。

老壮会が設立されたのは大正七年（一九一八）であった。それは、文字通り老人から壮年までの多くの人達が集って政治や社会について議論をしようという趣旨の結社である。設立の背景にあったのはこの年に起きた米騒動であった。この騒動での示威運動発生地点は三六八ヵ所で、軍隊約一〇万人が出動、逮捕者は数万人、起訴者約八〇〇〇人であり、それは近代日本史上最大の民衆騒擾事件であった。この事件に触発され、強い危機意識を抱いた人々が集まったのが老壮会なのである。

中心人物の満川亀太郎《みつかわかめたろう》は次のように回顧している。

米騒動によって爆発したる社会不安と、講和外交の機に乗じたるデモクラシー思想の横溢とは、大正七年秋期より冬期にかけて、日本将来の運命を決定すべき一個の契機とさえ見られた。一つ誤てば国家を台無しにして終《しま》うかも知れないが、またこれを巧みに応用して行けば、国家改造の基調となり得るかも測り難い。そこで私共は三年前から清風亭に集って、時々研究に従事しつつあった三五会を拡大強化し、一個の有力なる思想交換機関を作ろうと考えた。かくして老壮会が出来上がった（満川亀太郎、一六八頁）。

また、満川が第一回の会合で述べた「挨拶」は次のようなものであった。

「今や我国は内外全く行詰り、一歩を転ずれば国を滅ぼすに至るの非常重大時」となっている。「英米の勢力益々東洋に増大」し「民主的傾向世界に急潮を成して」我国に衝突しつつある。また「貧富の懸隔益々甚しく、階級闘争の大波打ち寄せつつある」が、これらは「三千年来始めての大経験」である。こうした中「要は如何にして此の国の立つべき所を定むるか」であり、「五十年前土間の上に蓆《むしろ》を布き、アグラをかきて国事を議したる維新志士の精神に立ち返りて此の会を進めて行きたきものなり」（満川亀太郎、一六九—七〇頁）。

明治維新が一八六八年であるから、まだ五〇年ほどしか経っておらず、幕末維新を実体験した人々が多く生き残っており「維新志士の精神」がパーソナルに伝わりうるような環境の中にそれを受け継ぐものとして設立されたというわけである。最後の将軍徳川慶喜が亡くなったのがこの六年前、土佐陸援隊の田中光顕《たなかみつあき》が亡くなるのはこの二〇年後である。「昭和維新」というものもそうした時間感覚の中で捉えられるべきであろう。

第一回参加者は、満川亀太郎・大川周明《おおかわしゅうめい》・佐藤鋼次郎《さとうこうじろう》（陸軍中将）・大井憲太郎《おおいけんたろう》（自由民権運動家で

大阪事件の首謀者）・嶋中雄三《しまなかゆうぞう》（中央公論社社長）らであったが、後に、高畠素之《たかばたけもとゆき》（マルクスの『資本論』の最初の翻訳者で国家社会主義者）・堺利彦《さかいとしひこ》（幸徳秋水《こうとくしゅうすい》とともに日本の社会主義の草分け的存在）・高尾《たかお》平兵衛《へいべえ》（アナキスト）・権藤成卿《ごんどうせいきょう》（農本主義者）・渥美勝《あつみまさる》（桃太郎主義を唱えた宗教者）・伊達順之助《だてじゅんのすけ》（大陸浪人）・鹿子木員信《かのこぎかずのぶ》（日本人初のヒマラヤ登山家で国家主義哲学者）・中野正剛《なかのせいごう》（東方時論社社長で後に衆議院議員）・平貞蔵《たいらていぞう》（吉野作造《よしのさくぞう》門下生で東大新人会創立メンバー）・大類伸《おおるいのぶる》（西洋中世文化史学者）・草間《くさま》八十雄《やそお》（都市下層社会研究者）らが参加している。多彩な顔ぶれであった。

中でも中心的メンバーは満川亀太郎と大川周明とであった。この二人が中心になってインドの独立運動家ラス・リハビー・ボースらも加わり、大正四年（一九一五）頃に満川の回想に出てきた「三五会」というアジア問題についての時局研究会を始めており、それが老壮会につながっているのである。

そこで次にこの二人の主要人物についてやや詳しく紹介をしておこう。

満川亀太郎

満川亀太郎（一八八八―一九三六）は明治二十一年（一八八八）、大阪で生まれ、京都で育った。明治二十八年（一八九五）、三国干渉に対し遼東半島還付の詔勅が渙発された時、これが京都で発されたという意識が京都人には強かったと満川は指摘しているが、その中で育った。しばらくして、日清戦争で死んだ父の霊前で遼東半島還付の詔勅の掛け軸を掲げ復仇を誓っている少年の物語を雑誌『少年世界』で読み、これを我がこととして復仇を誓ったという。

三国干渉が徳富蘇峰《とくとみそほう》をしてナショナリストに転換させた話は著名だが、それは京都の幼い小学生にまでナショナリズムの火を燃え立たせていたのである。ナショナリズムの核となるものは少年期に形成されるのだと言えるのかもしれない。

京都市立第四高等小学校を卒業、日銀京都出張所見習等を経て清和中学に入り、幸徳秋水の『帝国主義』を読むなど社会主義文献に接し始める。

明治四十年（一九〇七）、清和中学を卒業、早稲田大学第一高等予科に入学した。この頃、幸徳秋水らの『平民新聞』、宮崎滔天《みやざきとうてん》の『革命評論』を愛読したが、「日本の革命はどうしても錦旗を中心としたものでなければならぬ」と考えた（満川亀太郎、九四頁）。早稲田大学図書館で発禁本『国体論及び純正社会主義』（北一輝《きたいっき》著）を熟読、後に深い関係を持つ北の名はこの時に印象付けられた。

明治四十二年（一九〇九）、早稲田大学を中退。頭山満《とうやまみつる》・犬養毅《いぬかいつよし》らを顧問とする亜細亜義会が設立されたが、これに加盟、その後新聞・雑誌の記者・編集者を勤めた。

2── 満川亀太郎

大正五年（一九一六）、雑誌『大日本』の編集者をしていてインド人独立運動家ラス・ビハリー・ボースと知り合い、さらにボースを介して大川周明を知ることとなった。こうして、アジア解放・人種差別撤廃の運動を生成していくことになる。

一方、大正中期頃には、貧民生活研究者草間八十雄や水上生活研究者山崎亮太郎らに接し、そうした困窮生活者の調査研究・待遇改善活動に連携していった。ナショナリズムとアジア主義と社会主義が渾然一体となってその思想的核は形成されたのである。

満川は人柄の良さで知られており、彼らの運動が発展するにあたっては、その温厚な性格が大きく寄与していたと見られている。とくに、それぞれに独自行を行いがちな強い性格を持った大川と北がとにもかくにも一定の期間協働し、それによって彼らの運動が大きく伸張したのは満川の円満な人柄に拠る所が大きいと見られるのである（満川について詳しくは、自伝満川亀太郎『三国干渉以後』を参照されたい）。

大川周明

一方、大川周明（一八八六―一九五七）は、明治十九年（一八八六）、山形県飽海《あくみ》郡（現酒田市）に生まれた。明治三十二年（一八九九）、庄内中学に入学。明治維新の際、地元に厚情を尽したことから広く敬愛されていた西郷隆盛の『南洲翁遺訓《なんしゅうおういくん》』を愛読した。折から、日清・日露戦争の勝利による国家目標の喪失により多くの明治末期の青年たちが陥ったと言われる、いわゆる「煩悶」の時代を迎えつつあり、キリスト教に関心を示したり、明治三十四年（一九〇一）に結成された社会民主党に関心を抱いたりした。

明治三十六年（一九〇三）、『週刊平民新聞』を購読、「自由、平等、博愛」というフランス革命のスローガンや「平民主義、社会主義、平和主義」の主張に魅かれた。その結果、明治三十七年（一九〇四）に庄内中学を卒業した後、東京で堺利彦・幸徳秋水・安部磯雄らの演説を聞いている。

3── 大川周明

第五高等学校入学後の明治三十八年（一九〇五）、校内に黒潮会という思想研究団体を組織、横井《よこい》小楠《しょうなん》を尊敬していた。明治三十九年（一九〇六）、外務省の高官が任地に赴くに際して、息子を第一高等学校に転校させるために文部省に圧力をかけたことから起きたと言われる五高栗野事件の中心的リーダーとなり学校当局を敗北させている。このことは当時の雑誌に載り、大川の名はそうした範囲内ではあるが全国的に知られた。

明治四十年（一九〇七）、五高を卒業、東京帝国大学文科大学宗教学専攻に入学し岡倉天心《おかくらてんしん》の「泰東巧芸史」の講義を受けた。大川のアジア主義的著作の骨格が岡倉によっていることは、両者の著作を読み比べた者には明白である。

明治四十三年（一九一〇）、宗教団体日本教会（後に道会）に入会している。大川が東京で最初に入会した団体は宗教団体だったのであり、大学時代の専攻といい宗教的志向が強かったことがわかる。

明治四十四年（一九一一）、東京帝大を卒業。卒業論文は「龍樹研究序説」であった。その後、中学英語講師、翻訳、道会の雑誌『道』の編集等をしながらイスラム教を中心に宗教研究を続け、『ハディース』を「マホメット語録」として連載紹介し、ルソーの『エミール』の訳刊もしている。

大正元年（一九一二）、乃木《のぎ》希典《まれすけ》大将殉死に大きな影響を受け、歴代天皇伝を執筆。この頃に日本回帰が始まったと見られる。

そして、決定的転機となったのは、大正二年（一九一三）にヘンリー・コットンの『新インド』を読んだことであった。この本に描かれた圧政にあえぐイギリスの植民地としてのインドの現況に大きな衝撃を受け、そちらに関心が向き出したのである。

大正四年（一九一五）、インド独立運動家グプタと出会い、日印親善会に加わった。グプタ、ラス・ビハリー・ボースらに退去命令が出ると、彼らを匿うという危険な行為に加担している。また、大正五年（一九一六）には『印度に於ける国民的運動の現状及び其の由来』を刊行、ガンディーらのインド独立運動の初めての本格的紹介を行っている。大正六年（一九一七）には全亜細亜会を結成、こうした運動にいっそう力を入れていった。

このように大川は、最初はキリスト教や社会主義の影響を受けつつ宗教研究を進めていたが、インドの現況を知るにつけその独立運動に積極的加担を始め、日本におけるインド独立運動支援の先覚者の一人、さらにはアジア主義的運動のリーダー的存在となりつつあったのである（大川については、大塚健洋『大川周明—ある復古革新主義者の思想—』を参照されたい）。

老壮会の特徴

満川・大川（そして後述する北一輝）ら後に昭和前期の代表的国家主義者となる人達ですら、幸徳らの社会主義の影響を強く受けているところにこの時代のこうした運動の特質が見られるといえよう。そして、それらの人々が中心となりつつ、多くの立場の人々が集ったのが老壮会の特色であった。

従って会で取り扱われたテーマも、「世界の民主的大勢」「英米勢力の増大」「普通選挙の可否」「社会主義」「貧民生活」「ロシア問題」「アメリカ問題」「世界革命論」「山東問題」「婦人問題」等多様であった。大正十一年（一九二二）までに四四回開催し、会員総計約五〇〇人となっている。

会のメンバーの一人渥美勝は会の意義について次のように言っている。

明治維新には三大勢力が渦を巻いていた。即ち黒住、佐幕、勤王の三派であった。然しながら彼等の間には何等の連絡も諒解も無かったから随分無用のことに人命を殺したのである。今や第二革新の機が眼前に切迫せるに際し、氷炭相容れざる各派、即ち右は保守的軍国主義より左は急進社会主義の極までを網羅する此の会の如きは、御互に顔を見知って置く丈けでも、誤解を釈くことも出来、一朝有事の日敵を変じて味方とすることも出来る（満川亀太郎、一八一―二頁）。

こうした意義を持っていた会ではあったが、しばらくすると主宰者の満川が「エタイの知れないものになってしまった」（満川亀太郎、一九一頁）と自ら語るようにその特質がかえって会の性格を曖昧なものにしてしまっていたことも事実であった。そこで満川と大川が結成することにしたのが猶存社である。

猶存社の創立

大正八年（一九一九）八月一日、牛込南町一番地の家屋に「猶存社」の門標が掲げられた。

『唐詩選《とうしせん》』中の魏徴《ぎちょう》の「述懐」という詩に「中原復逐鹿　投筆事戎軒　縦横計不就　慷慨志猶存」（「中原復《また》鹿を逐《お》う　筆を投じて戎軒《じゅうけん》を事とす　縦横　計《はかりごと》就らざ《ざ》れども　慷慨《こうがい》志猶《なお》存す」）とあるところからとったものである。

「天下をめぐる争い起こり、志のために筆を放り出して戦いに従事することになった（戎軒《じゅうけん》＝戦車）。勝利を得るために様々に戦略を練ったが成功できないでいる。しかし世を憂い志を遂げようという気持ちを決して失うことなくなお戦い続けるつもりである」という意である。

このことに関し、満川は次のように言っている。

今や天下非常の時、何時までも文筆を弄しているべき秋《とき》ではない。我等は兜に薫香をたきこめた古名将の如き覚悟を以て日本改造の巷《ちまた》に立たねばならぬ。慷慨の志猶存す（満川亀太郎、一九五頁）。

さて、こうして猶存社は出来たのだが、この運動が目的とする「国内改造の気運を整調指導して貫う」ためのリーダーが必要だと考えた満川は、『国体論及び純正社会主義』執筆後中国革命に挺身し、その時上海にいた北一輝を日本に迎えることを提唱した。

大正四年（一九一五）に『支那革命党及び革命之支那』を読んで「快心《ママ》の著書」と感心した満川は、翌年に北に会っており、以後、適宜連絡を取っていたので、この構想はそれまでにある程度固まっていたことでもあった（満川亀太郎、一六八、一七四頁、北一輝・二、二〇七―一三頁、長谷川雄一・C・W・

A・スピルマン・今津敏晃、六七、二七七―八頁、満川亀太郎「老壮会の記」『大日本』大正八年四月号)。そして、この提案に賛成した大川が自ら上海に出向くことになった。大正八年(一九一九)、八月八日のことであった。

北一輝の生い立ち

ではその北一輝とはいかなる人物なのか。

北一輝(一八八三―一九三六)は新潟県佐渡両津町生まれである。明治三十年(一八九七)、佐渡中学に入学。翌年、「彦成王《ひこなりおう》(順徳院皇子)の墓を訪う記」を書いている。

嗚呼、暴なる哉北条氏。嗚呼、逆なる哉北条氏。北条以前に北条なく、北条以後に北条なし。苟《いやしくも》一天万乗の皇帝をして洋々たる碧海の孤島に竄《かく》し、恨を呑で九京(九泉)(「九泉」とは「あの世」のこと)の人たらしむ(北一輝・三、六六五頁)。

佐渡に流された順徳院の皇子を悼んだ文章である。中学生の北には、流された皇族を哀れみ悲しむ佐渡人に独特の尊皇心が芽ばえていたと見られる。

明治三十三年(一九〇〇)、佐渡中学を落第し結局退学。また眼病で七ヵ月入院した。明治三十五年(一九〇二)には右眼を失明している。

明治三十四年(一九〇一)、『明星』に短歌が掲載された。詩歌の道に志すところがあり、また優れた才能を持っていたのである。ただ中学生時代に徹底的に修練に励んだのは漢文であった。詩歌にせよ漢文にせよ、北に卓越した文才があったことは間違いなく、それは後に青年将校達を引き付ける有力な手段となる。

退院し、上京。折から、日本最初の社会主義政党社会民主党による『社会民主党宣言書』が出されたのを読み、社会主義研究を開始した。

明治三十六年（一九〇三）、『佐渡新聞』に連載していた「国民対皇室の歴史的観察」が掲載中止となった。内容が不敬と見られたのである。『平民新聞』を購読配布していたのだから相当に社会主義化していたと言えよう。しかし、日露間の情勢が険悪となる中、幸徳秋水らの非戦論とは違い開戦を支持した。

続いて明治三十七年（一九〇四）から翌年にかけて、早稲田大学図書館・帝国図書館に通い研究、執筆を続け、明治三十九年（一九〇六）、それを『国体論及び純正社会主義』として公刊した。

『国体論及び純正社会主義』

では『国体論及び純正社会主義』はどのような著作か。要点だけに絞ってまとめておこう。

北は、自らの社会主義の基礎は生物学・進化論という科学にあることを力説している。当時の最先端のサイエンスの知見であった進化論を根拠にしていることは自己の理論に対する、北の自信の大きな背景であった。

次に、経済政策としては、自らの社会主義は分配の公平を主眼とするものではなく、土地及び生産機関の公有とその公共的経営を「脊髄骨」とするものだと言う。そして「大生産」によって「全社会を驚くべく富有ならしむる」ことにより、「社会進化の理想」が実現され貧困は消滅すると説かれている。「公有」により生産性が高まり貧困もなくなるという社会主義なのである。

また、自らの社会主義は「個人の自由独立を唯一の手段とする点に於て個人主義の基礎を有する者なり」として個人主義を尊重しつつも、「個人主義の組織を革命して」「個人を社会国家の利益の為めに（中略）活動すべき道徳的義務を有する責任体たらしめんとする」としている（北一輝・一、九一、九三頁）。そして、そうした形での社会の道徳的進化により犯罪は消滅すると結論付けている。わかりにくい表現だが、たんなる個人主義を克服した、自由な主体でありながら社会的責任感を持った個人の集合体としての社会の構築を構想したと解すればよいであろう。

そして、歴史観が展開され、そこからありうべき政体論が説かれる。

まず、日本史の現実は天皇に対する「乱臣賊子」ばかりだという視点から当時の政府・文部省による公定的国体論への批判が展開される（ただし順徳院に対する「順徳坊様」というような言い方には皇室への敬愛の念も感じられる）。

そして、君主国→貴族国→民主国という日本の政体に関する三段階発展史観が説かれる。これは、ローレンツ・フォン・シュタインの理論を有賀《ありが》長雄《ながお》が改変したものをさらに換骨奪胎したものである（詳しくは、筒井清忠・二〇〇六、三八九―九五頁参照）。近代日本は「民主国」たるべきものなのであり、「社会民主主義は維新革命の歴史的連続を承けて理想の完き実現に努力しつつある者」なのである（北一輝・一、三五六頁）。こうして北の社会（民主）主義は維新革命の理想の継承であることが力説され、天皇は帝国議会とともに国家の最高機関の要素であるという国家主権説・天皇機関説が展開される。北は天皇機関説論者であり、その意味での民主主義者であるが、近代日本を「民主国」と規定する以上、当然の帰結であった。そうすると、「維新革命の理想を実現せんとする経済的維新革命は殆ど普通選挙権其のことにて足る」ということになる（北一輝・一、三八九頁）。北は国民が等しく投票することによって政治に参加する普通選挙によって維新革命の理想である社会主義が実現されると考えたのである。

ただ、北が当時の通常の社会主義者・民主主義者と異なるのは「吾人は万国社会党大会の決議に反して彼等（ルーテル・孟子）と共に国家を是認し、而して社会民主主義の名に於いてすべし」としたところにあった（北一輝・一、三九四頁）。

だから、「日露戦争は尊王攘夷論を継承せる国民精神の要求なり」、「国家の権威を主張する国家主義の進化を承けずしては万国の自由平等を基礎とする世界連邦の社会主義なし」という結論となる（北一輝・一、四三三―四頁）。

まとめると、北は「民主国」日本では普通選挙の実施による社会主義を実現すべきだと提唱し、平等な各国家の上に世界連邦的社会主義を実現することを主張したということになる。北は後に「一貫不惑である」ことを誇ったが、確かに「国民精神」と社会主義の接合という点で生涯ぶれることはなかったといえるかもしれない。

運動家としての北

しかし、二三歳の青年の自費出版による苦心の著書は発売禁止となり、北は「要視察人」となった。その後、幸徳秋水・堺利彦ら社会主義者と交友したが、他方では中国革命を目指す革命評論社（宮崎滔天ら）の同人となった。続いて中国同盟会（明治三十八年〈一九〇五〉発足）に入党、孫文《そんぶん》・宋教仁《そうきょうじん》・黄興《こうこう》・張継《ちょうけい》ら中国革命の志士と交わっていった。こうして明治四十年（一九〇七）—明治四十二年（一九〇九）の間は、宋教仁らと中国革命のための軍資金集めなどの活動を行っていたが、社会主義者と見られていたため官憲による監視も厳重に行なわれていた。

明治四十三年（一九一〇）、大逆事件で引致されたが釈放される。危ういところであったが、中国革命の運動のために黒龍会などと関係を持っていたことが幸運に連なったと見られている。

明治四十四年（一九一一）、武昌起義《ぶしょうきぎ》が起きると上海に黒龍会の視察員として赴き、革命運動に挺身、青龍刀の下をかいくぐるような日々を過ごした。

大正元年（一九一二）、中華民国、国民党成立。しかし、革命は大総督になった袁世凱《えんせいがい》に「簒奪」されたので、これに抗し戦った。その中で、大正二年（一九一三）、最も近かった同志宋教仁は暗殺された。北は宋の亡霊を見ている。有吉明《ありよしあきら》領事より「三年間清国在留禁止」を通達され帰国。その後、袁世凱に抗した第二革命が起きたが、それに敗れた亡命者が北の周りに蝟集《いしゅう》した。

大正四年（一九一五）、大隈内閣の出した対華二一ヵ条要求を批判し、革命運動家譚人鳳《たんじんほう》を大隈重信首相に面会させるなど革命派支援活動を行った。また、袁世凱の帝政復活に抗した第三革命が起きたがこれも失敗し、中国は軍閥割拠時代へ入る。

この頃北は『支那革命党及び革命之支那』を書いている。これは大正十年（一九二一）に刊行される『支那革命外史』の八章までにあたる（残り二〇章までは翌年執筆）。反孫文の立場を取っていた宋教仁に最も近かった北から見た中国革命体験記であり、宋暗殺者を孫文とするところに一つの特色があった。また、大正改元以降日本が「支那に加えた言動は悉く不義の累積」だとし、「革命党の援助を求むるは日本民族の任侠的国風に信頼し黄人種の先覚者なるが故に己の覚醒にも同情すべきを期待する者」（北一輝・二、七三頁）としている。フランス革命・明治維新・支那革命の同質性を強調しており、明治維新や青年トルコ党を例にしつつ、下級青年将校の率いる軍隊によって初めて革命は成功するとしていることは後の青年将校運動につながる洞察であった。

大正五年（一九一六）に再び上海に渡航し上海に在住するとともに、この頃から法華経信仰を深化させている。この年五月、山東半島問題をめぐる排日運動の嵐＝五・四運動が吹き荒れるが、この頃（五月九日）、「社会主義者」北一輝が李東輝《イドンヒ》ら大韓民国臨時政府及び「排日支那人」と「提携し何事か画策しあるやの疑あり」という調査報告が、上海派遣員から陸軍省になされている。情報収集活動でもあろうが、アジア主義的発想からの何らかの連携の模索が試みられたのかもしれない（長谷川雄一・C・W・A・スピルマン・今津敏晃、二八一頁)。

六月には「ヴェルサイユ会議に対する最高判決」を書き、満川に送っている。満川の頭に北を呼ぶことが閃いたのは直接的にはこの文章によるものと思われる。

しかし「ヴェルサイユ会議に対する最高判決」を「投函して帰れる岩田富美夫君が雲霞怒濤の如き排日の群衆に包囲されて居る」(北一輝・二、三五五頁)有様を背景に、七月、断食をしながら北は『国家改造案原理大綱』の執筆を始めた。執筆を思い至った原因は言うまでもなく、五・四運動に始まる排日運動の嵐にあった。そのときの様子について北は次のように書いている。

「ヴェランダの下は見渡す限り(中略)故国日本を怒り憎みて叫び狂う群集の大怒濤である」「而も此の期間に於て眼前に見る排日運動の陣頭に立ちて指揮し鼓吹し叱咤して居る者が、悉く十年の涙痕血史を共にせる刎頸《ふんけい》の同志其人々である大矛盾をどうする」。「自分は十有余年間の支那革命に与かれる生活を一抛して日本に帰る決意を固めた。十数年間に特に加速度的に腐敗堕落した本国をあのままにして置いては(中略)明かに破滅であると見た」。「そうだ、日本に帰ろう。日本の魂のドン底から覆えして日本自らの革命に当ろう」(北一輝・二、三五六—八頁)。

この著作の執筆中の八月二十三日、大川が来訪したのである。二十五日、上海太陽館で北と語り明かした大川は「巻一—七」を持ち帰国した。

二十七日、「巻八」を書き著書は完成。秋に秘密頒布され、翌年出版法違反となる。北その人は、十二月上海を発ち帰国した。それではその著書には何が書いてあったのか。

『日本改造法案大綱』（大正十二年〈一九二三〉刊。『国家改造案原理大綱』の改題・伏字化版）の要点のうち、国内に関することをまず箇条書きにしておこう。

『日本改造法案大綱』

一、天皇大権発動。天皇の名の下にクーデターを起し、三年間憲法を停止し、両院を解散、全国に戒厳令を敷く。

二、貴族院・華族制度等の特権的制度の廃止。

三、治安警察法・新聞紙条例・出版法等、言論の自由を弾圧する法律の廃止。

四、私有財産の制限・国有化、都市の土地の公有化。

五、自作農の創設。労働省設置による労働者の待遇改善。児童の教育権の保全。

すなわち、天皇を中心にしたクーデターを行い、特権的な身分制度を廃止し政治を民主化する、言論・集会・結社の自由を奪っていた諸法を廃止する、財産・土地の私有制度に制限を加える、労働者・農民・児童の地位向上や保護を行うというのである。

実はこれらの国内施策のかなりの部分は、社会民主党の『社会民主党宣言書』と共通の内容であるが、天皇を立ててそれを行うという点は違っているのである。

それに対して以下の対外政策のほうが北の独創性は高い。北は、英露は大富豪・大地主と主張するのである。

「国際間に於ける無産者の地位にある日本は、正義の名に於て彼等の独占より奪取する開戦の権利なきか」。「印度の独立及び支那の保全」を成し遂げ、「新領土は異人種異民族の差別を撤廃し」、「濠州に印度人種支那民族を迎え、極東西比利亜《シベリア》に支那朝鮮民族を迎えて先住の白人種とを統一し、以て東西文明の融合を支配し得る者地球上只一の大日本帝国あるのみ」。「単なる地図上の彩色を拡張することは児戯なり」。「先住の白人富豪を一掃して世界同胞のために真個楽園の根基を築き置くことが必要なり」（北一輝・二、三三七、三四二―三頁）。

そして最後に次のように結論付けていく。

「印度文明の西《にし》したる小乗的思想が西洋の宗教哲学となり、印度其者に跡を絶ち、経過したる支那亦只形骸を存して独り東海の粟島《ぞくとう》に大乗的宝蔵を密封したる者。茲《ここ》に日本化し更に近代化し世界化して来るべき第二次大戦の後に復興して全世界を照す時往年の「ルネサンス」何ぞ比するを得べき。東西文明の融合とは日本化し世界化したる亜細亜思想を以て今の低級なる所謂文明国民を啓蒙することに存す」。

「「アングロサクソン」族をして地球に濶歩せしむる尚幾年かある」。

「「神の国は凡て謎を以て語らる。」嘗《かつ》て土耳古《トルコ》の弦月旗ありき。「ヴェルサイユ」宮殿の会議が世界の暗夜なりしことは其れを主裁したる米国の星旗が黙示す。英国を破りて土耳古《トルコ》を復活せしめ、印度を独立せしめ、支那を自立せしめたる後は、日本の旭日旗が全人類に天日の光を与うべし。世界の各地に予言されつつある基督の再現とは実に「マホメット」の形を以てする日本民族の経典と剣なり」。

「日本は亜細亜文明の希臘《ギリシヤ》として己に強露波斯《ペルシヤ》を「サラミス」の海戦に砕破したり。支那印度七億民の覚醒実に此の時を以て始まる」（北一輝・二、三五〇―一頁）。

北は国内で平等主義を実現するとともに国際的にも平等主義を実現せよと言うのである。北においては、国内的平等主義と国際的平等主義は完全に結合しているのである。これは従来の日本の国家主義運動には見られないものであった。北によって日本の国家主義運動は質的に転換したといい得るであろう。北は「日本の国体を説明するに高天ヶ原的論法を以てする者」は「笑うべき」だとしている（北一輝・二、三七一頁）。

日本のナショナリズムは、北（と猶存社）によって、明治時代の士族的な古い体質を持ったものから新しい時代の青年知識人にも受け入れられやすい平等主義と世界性を持ったものへと大きく転換したのである。それは以後大きな威力を発揮するものとなる（北についての現在の研究状況と水準は、『自筆修正版国体論及び純正社会主義』所収のC・W・A・スピルマンと長谷川雄一の解説が示している）。

猶存社の活動

北の帰国後に猶存社は綱領を定めている。これには幾種類かの多少異同のあるものが残っているのだが、メンバーであった中谷武世《なかたにたけよ》がまずあげているのは以下のようなものである（中谷武世・上、七二頁）。

一、革命日本の建設
一、日本国民の思想的充実
一、日本国家の合理的組織
一、民族解放運動
一、道義的対外政策の遂行
一、改造運動の連結
一、戦闘的同志の精神的鍛錬

さらに中谷は、後に出た猶存社の機関誌『雄叫び』第三号に載った綱領も挙げている。「民族解放」が「亜細亜解放」となり、「戦闘的同志」が「国柱的同志」となるなどいくつかの相違が見られるが、

五、各国改造状態の報道批評
六、エスペラントの普及宣伝

は上記のものには見られぬものである（中谷武世・上、七三頁。なお綱領の考証に関しては長谷川雄一「猶存社の三尊―北一輝・大川周明と満川亀太郎の交誼―」長谷川雄一・C・W・A・スピルマン・今津敏晃、二八六―七、三〇二―三頁参照）。

「国柱的同志」中の「国柱」といういい方は北が信仰していた日蓮宗の用語であり、「六、エスペラ

ントの普及宣伝」は『改造法案』（以下『日本改造法案大綱』をこのように略す）に熱心に説かれていることであるから、こちらの方が北の思想が色濃く反映された綱領と言えよう。

いずれにせよ、「革命日本の建設」を始めとする国内的平等主義と「亜細亜解放」という国際的平等主義の連結という猶存社の思想的確信が鮮明に謳われた綱領であった。それはまさに「改造運動の連結」を目指していたのである。

続いて大正九年（一九二〇）には機関誌『雄叫び』が発刊された。やや長くなるが、当時の北らの発想が明瞭にうかがえるものなので、その「宣言」の要点を引用しておこう。

日本は今や国内的にも国際的にも奴隷解放戦を戦うべき秋《とき》に達した。吾々の頸血は此の新らしき歴史を書くものの硯に注ぐべきである。

吾々日本民族は人類解放戦の旋風的渦心でなければならぬ。従って日本国家は吾々の世界革命的思想を成立せしむる絶対者である。日本国家の思想充実と戦闘的組織とは、此の絶対目的のために神其の者の事業である。国家は倫理的制度なりと言いしマルチン・ルーテルの理想は今や日本民族の国家に於いて実現されんとする。眼前に迫れる内外の険難危急は国家組織の根本的改造と国民精神の創造的革命を避くることを許さぬ。吾々は日本そのものの為めの改造または革命を以て足れりとするものではない。吾々は実に人類解放戦の大使徒としての日本民族の運命を信ずるが故に、先づ日本自らの解放に着手せんと欲する。

我が神の吾々に指す所は支那に在る、印度に在る、支那と印度と濠州との円心に当る安南《ベトナム》、緬甸《ビルマ》、暹羅《シャム》に在る。チグリス・ユーフラテス河の平野を流るる所、ナイル河の海に注ぐ所、黄白人種の接壌する所に在る。吾々日本民族に依りて人類最新の歴史の書かれる所で無いか。人類最古の歴史の書かれたる所は、吾々日本民族に依りて人類最新の歴史の書かれる所で無いか。吾々は全日本民族を挙げて亜細亜九億の奴隷の為めに一大リンコルンたらしめなければならぬ（『雄叫び』三号、一九二〇年十月、一頁。なお、より簡単な第一号の「宣言」は「福家崇洋（京都大学文書館助教）社会運動資料」サイトで読むことができる）。

これも、「国家は倫理的制度なりと言いしマルチン・ルーテルの理想」など北の言い方そのままである。そして、「人類解放戦」「人類最古の歴史」「人類最新の歴史」など「人類」的視点が明瞭に出ているのが特色である。明治の国家主義者には考えられぬことであった。大正デモクラシー下の若い知的青年には「世界革命」や「リンコルン」が魅力的であったことが推して量られる。

ちなみに大正八年（一九一九）に吉野作造を顧問として宮崎龍介・赤松克麿《あかまつかつまろ》ら東京帝大の学生たちが作った結社新人会の綱領は「吾徒は世界の文化的大勢たる人類解放の新気風に協調し、これが促進に努む」「吾徒は現代日本の正統なる改造運動に従う」であった。「人類解放」「改造運動」が、両者に流れる共通の基調音であることに気付かされよう。

東京帝大「日の会」

こうした世界に開かれた方向性は若い知識層獲得の契機となり、日の会（東京帝大）、潮の会（早稲田大学）、魂の会（拓殖大学）、東光会（第五高等学校）

など各大学・高校に支部が次々に結成されていった。

ここではその活動の一例として東京帝大の日の会の活動の様子を見ておこう。東京帝大の日の会は大正九年（一九二〇）森戸事件が契機となってできたもので、岸信介《きしのぶすけ》・中谷武世・笠木良明《かさぎよしあき》らが中心メンバーであった。岸や中谷は猶存社を訪れ、北に会っている。北は学生服の岸や中谷に「金ボタンの制服を見ると私は革命を思う、それは辛亥革命の時に、日本から帰ってきて革命に投じた若い中国人が、皆その金ボタンの服を着ておった」「革命は学生と兵士が主力だ」と説いた。

岸は「今でもその時の感動を忘れ得ません」と言い、中谷は「例の独眼龍で、こちらの眼を見据えながら語る。非常に魅力的で、陸軍の青年将校なども、西田税《にしだみつぎ》の手引きでこうして彼にひかれて行ったのだと思います」と語っている。

その後、日の会は大正十年（一九二一）六月二十三日、東京帝大で「アタル氏追悼印度問題講演会」を開き世に知られることになった。東京外国語学校ヒンドスタン語教授のインド人ハリハルナート・ツラル・アタルは、イギリス大使館のムジュムダル参事官からイギリスのスパイとなり日本の外交・軍事情報を探知することを執拗に迫られ、同月十四日「ムジュムダルよ、印度は必ず我が血のために復讐するであろう」という遺書を残して自決したのだった。これはガンディーの唱えた「真理の把持（サティヤーグラハ）」（不当な権力に対して非暴力・不服従で抵抗すること）を、死を以って実践する行為であった。

会場は満員となり、大川周明が「印度の化身ガンディ」、中野正剛が「亜細亜復興戦の犠牲者」の演題で講演、インド人サバルバールが日印の連帯を説いた。北がフロックコート姿で現われたのはアタルへの敬意を表するためと見られた。

このことは翌日の朝日新聞に写真入りで大きく報道されているが、勢いを得た日の会は全国で講演会を開き、「日の会宣言」を出した。曰く。

我らは（中略）人類の真理、自由、正義のためにその尊貴のために戦うものである。（中略）そこに世界革命の火花は散らざるを得ぬ。

大正十一年（一九二二）、神戸に起きた三菱造船所・川崎造船所の争議は賀川豊彦《かがわとよひこ》の指導の下、空前の大争議となったが、日の会の中谷らが応援に駆けつけると、賀川は「指導者は誰ですか」と尋ね、中谷らが大川らの名を挙げると「ああ、猶存社の人達ですね、（中略）北一輝さん元気ですか」と知っていた。「非常に元気ですよ」と答えると、賀川は「我々に理解を持ってくれてるということは非常にありがたい」と言うのだった。「それまでの紋付羽織で桜の棒をついている国家主義団体でなく、革新的で、インドの革命やアジアの解放につながる民族主義運動という「日の会」の性格」はこうして明瞭なものとなっていったと中谷は回想している（中谷武世・上、三一―三七頁、満川亀太郎、二二二―六頁）。

朝日平吾事件

さてこうして勢いをつけていった猶存社は、宮中某重大事件（一九二〇—一九二一）において反山県の活動をするなどしたが、その影響（とくに北の影響）が如実に表れたのが朝日《あさひ》平吾《へいご》事件であった。

大正十年（一九二一）に起きた朝日平吾事件とは、北の影響を受けた青年朝日平吾による安田財閥当主安田《やすだ》善次《ぜんじ》郎《ろう》刺殺事件である。朝日は貧困な労働者向けのホテル設置を安田に要求し、安田が拒絶すると刺殺し自らも自決したのである。そしてその遺書が北宛に残されていた。

北は後年次のように言っている。

> 自分は信ずる。後十年秋、故朝日平吾君が一資本閥を刺して自らを屠《ほふ》りし時の遺言状が此の法案の精神を基本としたからとて聊《いささ》か失当ではないと。死を以てする者と、死に優る生を貪る者との間には其の根底に於て一脈通ずる或者があるのだ（「『日本改造法案大綱』第三回の公刊頒布に際して告ぐ」北一輝・二、三五九頁）。

朝日平吾事件が自らの思想的影響下に起きたことを北は認め、強い連帯感を抱いていたのである。実際、朝日が書いた「死の叫声」という文書は「世の青年志士に檄す、卿等《けいら》は大正維新を実行すべき天命を有せり而して之を為すには先ず」として以下の点を挙げているがこれらは基本的にほとんど北の『改造法案』に書かれていることであった。

第一に奸富を葬る事、第二に既成党を粉砕する事、第三に顕官貴族を葬る事、第四に普通選挙を実現する事、第五に世襲華族世襲財産制を撤廃する事、第六に土地を国有となし小作農を救済する事、第七に十万円以上の富を有する者は一切没収する事、第八に大会社を国営となす事、第九に一年兵役となす事……等より染手すべし。併も最急の方法は奸富征伐にして其は決死を以て暗殺する外に道なし。

さらに朝日は次のように書いている。

「吾人は人間たると共に真正の日本人たるを望む」

「日本国の隆昌は七千万国民の真の和合と協力に依らざるべからず真の和合と協力とを計るには一視同仁の善政を布き真正の日本人たる恩沢を差別なく浴せしめざるべからず（中略）現下の社会組織は国家生活の根源たる陛下と臣民とを隔離するの甚しきものにして君臣一体の聖慮を冒瀆し奉るものなり。而して之れが下手人は現在の元老なり政治家なり華族なり顕官なり。更にそのごとき下手人に油を注ぎ糧を給するものは実に現在の大富豪なり、従て君側《くんそく》の奸を浄め奸富を誅するは日本国隆昌のための手段にして国民大多数の幸福なると共に真正の日本人たる吾等当然の要求なり権利なり」。

「世の富豪に訓《おし》う、汝等は我利我欲の為め終生戦々兢々《せんせんきょうきょう》たるよりも寧《むし》ろ大我的見地の安全なるを悟らば汝等が罪悪の結晶物たる不浄財の大半を擲《なげう》て防貧事業保険事業、其他の慈善事業、社会事業の完成を期し更に汝等の為めにのみ都合よき法律習慣を打破革新し能《よ》く万民平等の実《じつ》を挙ぐるの意なき乎」（『現代史資料四』四八〇―二頁）。

「人間」「差別なく」「国民大多数の幸福」「吾等当然の要求なり権利なり」「万民平等の実」等がキータームであることは容易に見て取れよう。

また、朝日は別の場所で次のようなことも言っている。

「旧思想の皆様には到底私等の心事は諒解なさること叶うまじく候わんも愈々息《いき》を引き取ると云う五分前に御臨《おのぞ》みなされ候節は金と云うものの塵芥《ちりあくた》に等しく自分が世に在って何事を為《な》せしかを悔悟《かいご》致される事と存候」。朝日は「旧思想の人に何時までも」「世の中に居る以上は新思想の向上発展は阻止せられ延《ひ》いては社会の進運《しんうん》を妨じる事と相成り」と考えていた。また「武家専制の遺物たる、貴族的軍閥的の階級思想を固執して、自由平等たるべき陛下の赤子を窘迫《きんはく》し、民本思想を指して危険視する頑迷不霊《がんめいふれい》の痴漢」を攻撃していた（奥川貫、二一九―二〇、二四九頁）。

朝日は自らを、「社会の進運」に染った「新思想」の持ち主として自認しており、天皇は「自由平等」を担保する存在と考えたのである。

すでに久野収《くのおさむ》を受けて橋川文三《はしかわぶんぞう》が明らかにしたように、朝日の思想においては、天皇は伝統的諸権威を雲の上から総括する旧体制の支配のシシンボルではなく特権層排除のための直接行動の正統性を保障する変革のシンボルへと転換していることが窺える。そしてそうした思想を抱いた「生半可なインテリ層」が時代の正面に出てきたことが大正という時代の特質なのであった（橋川文三・一九九四、八―一六、五九―六〇頁）。その意味では、北らの運動は「大正デモクラシー的国家主義運動」であったとも表現できよう。

2　青年将校運動の開始

さてこうしていわば土壌が形成されたところに青年将校達が登場し、本格的な昭和維新運動が形成されていくことになるのである。

西田税

この運動の中核をなした人々（ということは二・二六事件の中核をなす青年将校に大きな影響を与えた人々ということである）が、北や『改造法案』に接していく様を次に見ていこう。そうした人々とは、西田税・菅波三郎《すがなみさぶろう》・末松太平《すえまつたへい》・大岸頼好《おおぎしよりよし》らである。

西田税は明治三十四年（一九〇一）、鳥取県米子市に生まれた。父は仏師であった。米子中学一年修了後、大正四年（一九一五）広島陸軍地方幼年学校に入学した。

長州閥が陸軍を支配している中、広島陸軍地方幼年学校は半数以上が山口県出身者で、彼らは成績のよい西田をしきりにいじめた。大正七年（一九一八）首席卒業と決まった時は、罵言を浴びせられ、その大集団に反抗しようとしたが友人に諭され「男泣きに泣いて」あきらめたという（堀真清、一二〇―一頁）。反軍閥的心情はこの時以来のものと言えよう。またこうしたこともあってか卒業間近に教官と衝突している（堀真清、一二九頁）。

同年東京の陸軍中央幼年学校に入学したが、この年は米騒動が勃発した年であった。こうした中、翌年郷里に帰った西田は大本教《おおもときょう》が説いていた日米戦争切迫論や、友人の説く満蒙問題解決のための国内改造論に関心を持ち始めた（『二・二六事件秘録一』三六七頁）。また、友人の三好達治《みよしたつじ》（のち詩人）らと日蓮宗の立場からの改造論に共鳴したのもこの頃のことである。

大正九年（一九二〇）陸軍中央幼年学校を卒業。四月、大陸問題への関心から自ら朝鮮羅南《ラナム》の連隊の士官候補生勤務を志願したが、九月に陸軍士官学校（以下、「陸士」）入学のため帰国する前には「鮮人の心境亦《また》哀れなるかな」「近来怏々《おうおう》として心中に楽なきものは何ぞ」（堀真清、一四八頁）という精神状態になっていた。

陸軍士官学校に入学後の大正十年（一九二一）秋、アジアの解放を謳う青年亜細亜同盟を結成したが、体調を悪くし翌年二月には陸軍病院に入院することになる。肺炎・胸膜の支障・内臓衰弱であった。長期休養を求められ落胆する中、雑誌に載った「猶存社の解剖」という記事で「北一輝氏の名」を初めて知り「単なる数頁の文章中に閃めく或ものを見た」のだった。それは「国民の天皇」ということであり、天皇と国民の間にある「疎隔群」を「大権の発動」による「クーデター」で倒すという思想であった（堀真清、一六五―七頁）。

四月末、退院して復学した西田は猶存社に北を訪ねた。直ちに両者は認めあった。北を「予言者的哲学家として亦偉大なる革命児」として尊敬する西田の側の見方は説明するまでもないが、北も「非常に将来ある人物と思い他人に対するよりも西田に真剣に教えた積りであります」と捉えたのであった（堀真清、一七三頁、北一輝・三、三一〇頁）。

大正十一年（一九二二）七月、陸士を卒業した西田は朝鮮羅南の騎兵第五連隊に着任したが、『改造法案』を校内で印刷配布するなどの活動を始めた。また、卒業時に校庭で会い『改造法案』を送った秩父宮には三次にわたり上書を送っているが、大正十四年（一九二五）一月の第四次では「兄宮を通じ万乗至尊の天皇陛下に某日大権の発動を奏請し純正日本精神の体現者の一団の奏請と相俟て革命日本建設の優詔降下に御尽力賜らむこと」を働きかけている（堀真清、二六九頁）。『改造法案』に書いてあるとおりだが、後に見るように大きく言えば二・二六事件も同じスキームとなるわけである。

同年五月、病気の西田はついに予備役入りとなる。そこで上京した西田だったが、北には当時受け入れるだけの経済的基盤がなかったため、大川の主宰する行地社《こうちしゃ》に入り、大学寮（旧社会教育研究所）に住むこととなる（以上につき全体にわたり、堀真清、九五―一八〇、二六七―七三頁を参照した）。

菅波三郎と『改造法案』

西田に続く青年将校運動の草分け的存在である菅波三郎は明治三十七年（一九〇四）、宮崎の生まれである。熊本陸軍地方幼年学校を経て中央幼年学校に進んだが、在学中、『陸軍の五大閥』という本を読んだ時の体験を次のように書いている。

皇軍とは一体何者ぞ！　長の陸軍、薩の海軍。そのまた内部に大小様々な派閥が存在するとせ

4― 菅波三郎

　ば、一死奉公だの、尽忠報国だの、羊頭を掲げて狗肉を売るもの。そして、陸士予科では次兄が恋愛問題で悶死したところから「死とは何ぞや、生とは何ぞやの難問に逢着」、「険悪な世相をながめながら（中略）いかに生くべきかの人生問題と、いかに改革すべきかの社会問題と、これを同時解決する道はないものかと暗中に模索し」ていた。

トルストイを読み倉田百三の『愛と認識の出発』を読んだのである。そこで『改造法案』に接し、「積日の疑団一時に氷解」「私の進路と戦いと生死のあらゆる運命が最終的に決定したのである」「二・二六またこういう因縁に胚胎するのだ」った。

　人生問題と社会問題の両方が『改造法案』によって解かれ、その後の進路が決まったというのである。その影響力の巨大さに驚かされよう。そして、菅波が『改造法案』に魅かれたのは、日本は「近代的民主国」たるべしという箇所があったからだった（菅波三郎「昭和風雲私記」(23)(29)(34)―(37)」）。反軍閥・人権・民主化が北理解の基本なのだった。

　その菅波が西田の名を聞いた最初は大正十二年（一九二三）の晩春で、共通の友人親泊《おやどまり》朝省《ちょうせい》（終戦時に家族とともに自決）からの紹介だった。その後、上記のように『改造法案』を読んで、大正十四年（一九二五）七月二十日に初めて北を訪問している。

　そして、その年の暮れには西田・菅波の二人が打ち揃って初めて北邸を訪れたのだった。北は二人の帰り際に言った。「私を頼るな。私は、いつ斃れるかも分らない。私は君の魂に火を点ずる役割を持ったのかも知れぬ。しかし、一度火が点いたら、ひとりで燃えなくちゃ」と（須山幸雄、三三五―六頁）。この日が陸軍青年将校運動の起点の日と言えるかもしれない。

末松太平と『改造法案』

一方、末松太平は明治三十八年（一九〇五）北九州市門司区に農家の三男として生まれた。小倉中学・広島陸軍地方幼年学校・陸士予科を経て大正十四年（一九二五）陸士本科に入学した。

末松が在学した大正後期の陸士では、授業中に教授が「国体がただ古いだけで尊いなら爺さん婆さんみな尊い」と言うなどしており（もっともさすがにこれは注意を受けたのだが）、軍人は「肩身のせまい思いをさせられていた」。「当時の軍人はいまの自衛隊同様、税金泥棒扱いされていた」。「東京は軍人に対する世間の目が特別冷たい。市電のなかで将校が、やれ拍車をとれの、やれマントを脱げのといわれることも珍しくない」と言われていた時代だった。

5―末松太平

その後、昭和二年（一九二七）に青森第五連隊に赴任した末松は、青年将校運動の草分け的存在の一人大岸頼好に出会い、大岸の勧めで上京した折にまず西田に会い、次いで北に会った。

「（面会した北は）隻眼を光らしていった」。「いまの日本を救いうるものは、まだ腐敗していないこの軍人だけです。しかも若いあなたがたです」。「それは意外なことばだった」。「無用の長物視されていた軍人が、日本を救う唯一の存在であり、特に若いわれわれがその最適者だといわれたからである」（末松太平・上、四二頁）。

その後、『改造法案』『支那革命外史』などを読み北を戴く運動に傾倒、また同期生の渋川善助らが北を訪問するなどのことがあり、末松ら陸士三九期生には同志が増えていった。西田は言った。「北さんは日本の革命はあきらめていたが、君らの出現によって考え直すようになった」と。

末松は考えた。『改造法案』では在郷軍人の動員を言っているが、現役軍人のことは触れていない。自分らの動向でそれをつかめる目安がついたと北は考えているのではないかと（末松太平・上、四四―六頁）。

大岸頼好

最後になったが、今一人の青年将校運動の先駆者に前述の大岸頼好がいる。大岸は明治三十五年（一九〇二）高知県土佐山田町の農家に生まれた。高知県立中学校海南学校を経て広島陸軍地方幼年学校に入学。在学中に米騒動が起きた。大岸は「社会的問題に対する研究的な気持」の原点が「主として米騒動」であったことを証言している（田村重見、三九頁）。「陸軍士官学校本科に参りました頃から、所謂社会運動が漸次盛になって参りました。日曜日には、色々本を漁る様になりました」ということになり、「社会主義、共産主義、無政府主義混在時代の社会主義者の会合に出席して、学校の問題になった」（末松太平・上、一七頁）のだった。この時は父親が呼び出され注意を受けている。

弘前第五二連隊着任後は「経済・政治・社会機構第一主義の改造」は「外来性のものであると云う感じが起きて」「霊的な考えに捉われ」、古事記など「古典的な文献の研究」に入り結局「古事記の修理固成を深く考え初めました」という。

こうして、末松に「僕はマルクスから本居宣長になったよ」と笑って言う状態となったのだった（末松太平・上、一七頁）。折からの宇垣軍縮で広島の陸軍幼年学校が廃せられるという話が広まり、同じ連隊（青森第五連隊）の末松が反対運動の勧誘に訪れたことから、二人の「革命講座」が始まり、その時大岸が書いたのが、社会と軍隊の分離が日本を危くすると説いた『兵農分離亡国論』だった。また犀川の農民運動に対し軍隊が出動した昭和四年（一九二九）の犀川農民騒擾動事件で、農民が「輪中意識」で結束して戦ったのを見た大岸は、こうした意識を拡大した「全日本的輪中意識」を説くことになる。

末松に、上京する際北や西田に会うように勧めたのは大岸であり、天皇を中心としたクーデタによる革命への志向やアジア主義思想という点で、大岸は大きく北の影響を受けてはいたが、このように農本主義的色彩が濃いという点では、北・西田と大岸には微妙な相違も存在したのだった。この点については後述することにしよう（以上、大岸については須山幸雄、一〇三―一三六頁を参照した）。

さて、こうした青年将校達を輩出した状況を理解するには大正後期に軍人達が置かれていた社会的立場をよく理解しておく必要があるだろう。すでに末松の回想にそれは一部見られたが、それを整理して述べておくと次のようなものであった。

「大正の軍人」の社会的環境

第一次世界大戦（一九一四—一八）は初めての世界的規模の総力戦であり多大の死者・犠牲者を出したのだが、その結果、戦後世界は世界的に反戦平和軍縮ムードの様相となり、その波は日本も襲ったのであった。ワシントン海軍軍縮会議（一九二一—二二）でまず海軍の軍縮が行われ、続いて日本では陸軍の軍縮が行われた。それは、その時の陸軍大臣である山梨半造《やまなしはんぞう》・宇垣一成《うがきかずしげ》の名前をとって山梨軍縮・宇垣軍縮と呼ばれる。

山梨軍縮（一九二二）では将校二二〇〇名、准下士官以下六万名、馬匹一万三〇〇〇頭の整理が行われ、宇垣軍縮（一九二五）では四個師団が廃止となり、将校一二〇〇名、准下士官以下三万三〇〇〇名、馬匹六〇〇〇頭の整理が行われた。この結果計九万六四〇〇名、全体の約三分の一の軍人の馘《かく》首《しゅ》が行われたのである。

その場合、准下士官以下の兵隊は整理されても元の職業に戻ればよいのだが、問題は陸軍士官学校を出た職業軍人の道しか考えたことがない将校達であった。充分な再就職先も配慮せずにこれが行われた結果、彼らは社会に放り出され途方に暮れる状態となったのである。彼らはセールスマンなどの職業に就くなどしたのだが慣れぬだけにうまくいかず、そのみじめな状況が新聞記事となる有様であった。

そして、そればかりでなく、そのことを契機として社会全体として軍人の社会的地位が下落する軍人受難時代となったのである。陸軍省や海軍省などの軍事官庁勤務者は通勤途中で嫌がらせを受けるので私服で通勤し登庁してから軍服に着替え帰宅時にまた私服に着替えるという状態であった。そして、給与も低いので若手将校の「嫁不足」が深刻化し、前掲のような前途に希望を失い「自我」「人間」の問題に悩む青年将校が激増する時代となったのである。

石井淳著『将校の士気及思想問題』（一九二二）という書物に「明治の軍人」と比較した「大正の軍人」気質というものが掲載されているがそれは次のようなものである（橋川文三・二〇〇八、一四九—五〇頁）。

- まず個人から出発し人類社会的に考える
- 軍人向き以外のことを考える
- 階級観念が緩んでいる
- 公私の別の欠如
- 旧慣をすぐに打破しようとする
- 生活問題に悩み、将来の不安に悩む

西田らの周辺に生じた問題は、当時の多くの青年将校に生じた問題だったのである。すなわち、北の説くような国家改造運動に加入しようという青年将校達が現われて来ることの背後には、こうした軍人たちを追い詰める社会的状況が存在していたことが理解されねばならないといえよう。

行地社の設立

大正十二年（一九二三）、猶存社は解散した。この原因については、ヨッフェ来日を中心とした日ソ提携に対する政策の違いと言われることが多い。すなわち、日ソ関係改善のためソ連からの使節ヨッフェを来日させる工作が進められたのだが、この時、北はこの日ソ提携政策を攻撃、大川・満川は擁護した。この対ソ政策の対立から北と大川・満川は不和となり猶存社は解散したと見られるのである（詳しくは、長谷川雄一・C・W・A・スピルマン・今津敏晃、二九四―五頁）。

これに対し、北自身は次のように説明している。猶存社解散後、大川は牧野伸顕《まきののぶあき》内大臣・関屋貞三郎《せきやていさぶろう》宮内次官らの支援を受け、安岡正篤《やすおかまさひろ》・小尾晴敏らと皇居内の社会教育研究所を拠点とした日本主義の啓蒙活動を始めるのだが、大川と牧野がこのように深い関係になった経緯は、次のようなものだ。

すなわち、宮中某重大事件において山県が敗れ薩派が勝利し牧野が宮中に入ることになったが、牧野はこれを猶存社のおかげだと「恩に着て、同社を実値以上に買いかぶり（中略）大川などを非常にひいきにしました」。そして、「大川は、牧野の背景があるため自然に金ができ、私が何もせずじっとして働かぬというようなことを言い出し、結局猶存社同人は私のみを取り残して行地社を結成しました」（「二・二六事件北一輝公判廷陳述」）。

北は、大川と牧野との近接関係を猶存社解散の原因としているのである。こうして見ると、もともと「両雄並び立たず」的、北と大川であったが、対ソ対策の対立と牧野・大川関係の近接化の二つの要素が亀裂の要因であったと見ればよいであろう。

こうして、社会教育研究所が大学寮と改名され、西田税もこれに加わったのだが、大学寮が、宮内省より建物の取払いを要求され廃止されると、大正十四年（一九二五）、大川・満川らは新たに行地社を設立した。

機関紙『日本』に掲載されたその指導精神は次のようなものであった。

行地社の名は古人の所謂則天行地に由来し、まさしく天に則り地に行わんとする同志の団結である。天に則るとは明らかに理想を認識し、堅く之を把持する事である。地に行うとは此の理想を現実の世界に実現する事である。然るに天則ち理想は、此処に在り彼処に在りと探し求むべきものに非ず、実に潜んで我等の魂の裡《うち》にある。然して我等は紛るべくもなく日本の臣なるが故に、我が魂に求め得たる天は必然日本的理想でなければならぬ。魂の奥深く探り入れば入る程此の理想はいやが上にも日本的となる。斯くて我等の則る天は純乎《じゅんこ》として純なる日本的理想である。然るに現実の日本国家は断じて日本的理想を行うべき地は云う迄もなく日本国である。然るに現実の日本国家は断じて日本的理想の具体的実現ではない。それ故に我等は是《かく》の如き国家の改造革新に拮据《きっきょ》する。従って行地運動は国家改造運動である。我等は日本の精神的・政治的・経済的生活を純乎として純なる日本的理想に則りて根本的に改革せむことを期する。

「純乎として純なる日本的理想」が眼目となっていることがわかるが、それは具体的には以下のような綱領として示された。

一、維新日本の建設
一、国民的思想の確立
一、精神生活に於ける自由の実現
一、政治生活に於ける平等の実現
一、経済生活に於ける友愛の実現
一、有色民族の解放
一、世界の道義的統一（『現代史資料四』二六頁）

かなりの程度猶存社の綱領が生かされているが、「自由」「平等」「友愛」が目新しい。この三つはフランス革命のスローガンとされるものであり、このあたりに横井小楠に学び平民社の社会主義になじんだ大川の体験が出ているともいえるが、それぞれを「精神」「政治」「経済」に結びつけたルドルフ・シュタイナーの影響を受けたものでもあった。これも明治の国家主義には見られぬ発想である。

メンバーは、満川亀太郎・綾川《あやかわ》武治《たけじ》・西田税・中谷武世・狩野《かのう》敏《びん》・笠木《かさぎ》良明《よしあき》・嶋野《しまの》三郎《さぶろう》・千倉《ちくら》武夫《たけお》・金内《かねうち》良輔《りょうすけ》・安岡正篤・松延《まつのぶ》繁次《しげじ》・清水《しみず》行之助《こうのすけ》らであり、満川・西田らは別に北と疎遠になったわけではないが、多数派に従ってここまでは大川に付いていったのである。

行地社分裂

しかし、大正十四年（一九二五）八月に起きた安田共済事件という会社の内紛をめぐる争議を経て、西田・満川らは行地社を脱退することになる。安田共済事件というのは、安田保善社《やすだほぜんしゃ》の結城豊太郎《ゆうきとよたろう》専務が同系会社の共済生命に送り込まれたのに対し、それに反発する共済生命の社員七十数人が上野の寺に立てこもり反抗、北が結城に付き、大川が立てこもった反結城派に付き対抗した事件である。西田は北の側に理があるとして同年暮れ行地社を脱退、この事件を契機に北に決定的に近くなったのである。北はこの時、『改造法案』の版権を西田に委譲している。

西田自身はこの点につき、「君側の奸と認めて居た処の牧野伸顕等に接近」、また口に修身斉家治国平天下を言いながら自らは実践しないので、先輩らの意見を代表する形で大川に「反省を求」めたので大川の感情を害した。「そして、私が行地社を攪乱したというようなことになったので、その責を負うて脱退したのであります」としている（『昭和八年（と）第一四二号　爆発物取締罰則違反殺人及殺人未遂（被告人橘孝三郎外十九名）第二冊』〈予審調書・民間証人〉二一―三頁、「二・二六事件西田税公判廷供述」）。

なお、昭和元年（一九二六）になると宮内省怪文書事件という事件を契機にして満川も退社する。宮内省怪文書事件については、北系で朝日平吾の甥の辻田宗寛の回顧が最近公になっており、やや長くなるが当時の北・西田らの政治浪人振りが活写されているので引用しておこう。

私〔辻田〕は大正十五年、佐世保で新聞を見て、北一輝先生や西田税さんが引っ張られたことを知り、急ぎ上京した。九月何日かのことであったが、千駄谷九〇二、当時の北先生宅に直行したが、女中が出て来たので来意をつげると、赤と宮が出て来た。（赤は赤沢泰助（良一）、宮は宇都宮仁）（中略）「それでは俺は何をしたらいいか」と、二人に聞いたら、宮が「巣鴨の洗濯屋の二階に川浪正明（福井幸の親友）の弟の季雄が居る、そこに宮中大官どもが収賄した事を書いた文書が沢山残っているんだ」と云うので、北邸に一泊して翌日巣鴨に行き川浪君に会い、三泊して押し入れにあった怪文書全部を持ち出し、上流、中流とおぼしき邸宅に無差別に投入するとともに、牧野内府に「辞職せねば撲殺するぞ」と手紙を出した。これが所謂宮内省怪文書で、内容は松方正義宮相二〇万、牧野伸顕内府二〇万、東久世匠ノ頭一五万、市来乙彦五万、計六十万円也を峰村教平（材木屋）から収賄を受け北海道の御料林を払下げ農民騒動を引越したと云うのであった。その翌日（中略）芝白金の内府官邸を訪れ、牧野内府に面会を求めたところ、「大臣はお休み中だから待って呉れ」と云われ、応接室に通され、菓子とお茶が出たので、大意（威）張りでムシヤムシヤやっていたところ、しばらくして特高がドカドカと入って来て、警視庁に連行されてしまった。取調べ一ヶ月して市ヶ谷刑務所に送られ（中略）私は四舎二階にいた。赤や宮は八舎にいたと云う。大正十五年十二月二十五日（中略）「大正天皇崩御」（中略）翌日、浴場で北先生に会った。先生は温って赤イ面だった。そして曰く「君も来たか、マルデ、ワッショイ〳〵

と市ヶ谷詣でか」と（辻田宗寛「茶筒と虫や鮒」〈『赤沢泰助』一九七二年〉、「福家崇洋（京都大学文書館助教）社会運動関係資料」サイト。原文のままとしたが、〈〉は「」に、～は―に直した）。

元来、宮内省怪文書事件は、北海道の御料牧場・御料地の立木払い下げ・小作争議に関して、宮内省当局者に不正があったとして西田が、大正十五年（一九二六）六月十七日に怪文書を配布した事件である。天皇と国民を疎隔している元凶としての宮中勢力（直接的には牧野伸顕＝薩派）を攻撃することが西田の狙いであったという（この点ではほぼ同時期の十五銀行攻撃の怪文書事件〈大正十四年十二月開始〉も同じ趣旨によるものであった）。

その後、北は七月二十九日、若槻礼次郎民政党内閣を攻撃する朴烈《ぼくれつ》怪写真事件を起こし、大問題になっていくが、八月二十七日、両事件にからんで検挙。十一月中旬には西田とともに市ヶ谷刑務所に収監される。そして北は結局無罪となるが、西田は昭和五年（一九三〇）七月に懲役八ヵ月が確定し軍籍を失うことになる（北一輝・三、一九五―四〇六頁、堀真清、二八七―九頁。朴烈怪写真事件については筒井清忠・二〇一二、六七―九九頁を参照）。

以後、牧野らとパイプのある東京帝大卒の満鉄エリート社員（大正七年〈一九一八〉に満鉄東亜経済調査局嘱託に就任、八年には編集課長となる）大川は参謀本部で講演するなど佐官級幕僚将校に接近したのに対し、こうした「托鉢」的浪人生活をしていた北は尉官級青年将校により近くなるのである。

3　桜会結成から五・一五事件まで

大正末から昭和初期の政治状況

さてここで猶存社から行地社へという運動が展開していた大正末から昭和初期にかけての内外の政治情勢を見ておこう。

大正十年（一九二一）、大宰相原敬は暗殺に倒れ、大政友会も高橋是清《たかはしこれきよ》が総裁となってから弱体化が始まりだし、当てにならぬと見た元老たちは加藤友三郎《かとうともさぶろう》・山本権兵衛《やまもとごんべえ》・清浦奎吾《きようらけいご》と三代にわたり超然内閣を成立させた。

しかし、これに対し政党が奮起、大正十三年（一九二四）、加藤高明《かとうたかあき》首相の護憲三派内閣が成立した。総選挙に勝利して政権を獲得した最初の内閣である。この内閣の下で大正十四年（一九二五）に普通選挙法が成立する。第一回の普通選挙の実施は昭和三年（一九二八）となるが、法律が成立した瞬間から次の選挙は普通選挙制下で行われることが確定したわけであり、各政党は大量に増えた有権者の獲得に向けて動き出していった。

それはマスメディアやイメージ・シンボルを積極的に駆使した政治戦略である。前述の朴烈怪写真事件はその典型であった。北一輝が仕組んだと見られるこの事件は、単純化して言えば写真というヴィジュアルな要素で民衆が沸騰し内閣が倒れることを啓示した事件であった。大正十四年（一九二五）からラジオ放送も開始され、「劇場型政治」・大衆政治の時代が開始されたのである。

昭和二年（一九二七）、立憲民政党が成立し、政友会とともに本格的二大政党制の時代となった。しかし、大量の選挙民を奪い合う選挙戦は一層の政治資金を要することになり、疑獄事件が頻発、また選挙に勝利するための官僚の政治的利用・政党化は露骨極まりないものとなった。選挙を取扱う内務省の中では各県知事・警察署長から巡査に至るまで政友会か民政党かに色分けされ、その弊は極まり、政党政治への国民的不信感は巨大なものとなっていったのである。

そこへ昭和四年（一九二九）、浜口内閣により財政緊縮政策がとられていた日本に世界恐慌が到来した。不景気・デフレ・就職難・失業者の増加が列島を襲ったのである。

末松太平の回想によると、実の父親が満州の前線にいる息子の兵士に、兵士の死後に国から下がる金欲しさに「必ず死んで帰れ」という手紙を送ってくる。その後に小規模の戦闘があるとその兵士だけが死んでいた。また、各地で遺骨が帰ると遺族たちが金欲しさにそれを営門の前で奪い合うので、居合わせた青年将校達はいたたまれなくなるという状況となった。こうして全国の連隊で昭和維新運動に加わる青年将校が確実に増えてくる事態となってきたのである（末松太平・上、一四三頁）。

大正末から昭和初期の国際情勢

一方、国際情勢はどうか。対米関係は、ワシントン海軍軍縮条約（一九二二）で協調関係が築かれたように見えたが、対米七割が達成されなかったことで軍人の不満はたまっており、排日移民法の成立（一九二四）は日本人にアメリカへの深い反発心を植えつけていた。そして、ロンドン海軍軍縮条約の調印（一九三〇）は再び対米七割が達成されなかったということばかりでなく、統帥権干犯があったと言われたことから軍人の憤激を増大させたのであった。

対ソ関係はどうか。世界革命の司令部コミンテルンの結成は大正八年（一九一九）、その日本支部として日本共産党が結成されたのが大正十一年（一九二二）であった。その革命運動は激しい弾圧にさらされたが、それが大きな安全保障上の脅威と感じられたことも事実であった。

昭和四年（一九二九）、満州の中東鉄道の運営権をめぐる奉ソ戦争が起き、奉天派の張学良の軍隊に対しソ連の軍事力が圧勝し利権を確保したが、これは現状変更が軍事的勝利により実現したことと勢力拡張によりソ連の脅威が直接的なものになったという二重の意味で陸軍・関東軍に大きな影響を与えた重要な出来事であった。

対中関係はどうか。安直《あんちょく》戦争（一九二〇）、奉直《ほうちょく》戦争（一九二二―二四）と軍閥同士の戦争が続いた後、満州を支配する張作霖《ちょうさくりん》を日本軍が助ける結果となった郭松齢《かくしょうれい》事件（一九二五）が起きている。北伐が開始（一九二六）されると、中国軍が日本人居留民に暴行を加える南京事件・漢口事件（一九二七）のような事件が連続して起き、居留民保護のための山東出兵（一九二七―二八）に至り、このため日中両軍が衝突する済南事件（一九二八）がおきる。そして、関東軍の暴発による張作霖爆殺事件（一九二八）も起きた。

一方、既存の条約を不当なものとして無視しようとする革命外交が開始され、王正廷《おうせいてい》国民政府外交部長は日華通商条約廃棄を通告（一九二八）、満鉄平行線の営業も開始された（一九二七―二九）。さらに中村大尉事件（一九三一）・万宝山《まんぽうざん》事件（一九三一）と日中間の紛争は続き、遂に満州事変（一九三一）に至る。

日本は、アメリカ・ソ連との安全保障上の懸案を抱えつつ、中国とは権益をめぐって直接的対決の状況に入りつつあったのである。

6―橋本欣五郎

桜会結成と三月事件

こうした内外の緊迫した情勢の中、桜会が結成された（一九三〇年九月）。参謀本部第二部ロシア班長の橋本欣五郎《はしもときんごろう》中佐（トルコ駐在武官経験）が結成したものである。それは「国家改造を以て終局の目的とし、これが為《ため》要すれば武力を行使するも辞さず」と結成の趣旨に謳っていた。結成の要因としては以上のすべての出来事が関係しているが、直接的にはこの年春以来の、ロンドン海軍軍縮条約問題に発する統帥権干犯問題が大きかった。

ロンドン海軍軍縮条約問題をめぐる統帥権干犯問題とは、対米七割が確保できないと国防に責任が持てないとしさらに兵力量の決定権は統帥部にあると主張する海軍軍令部の反対を押し切って浜口雄幸首相が海軍軍縮条約締結を強行したとして国家主義陣営が浜口内閣を攻撃した問題である。少壮軍人の憤りは激しく、草刈英治《くさかりえいじ》少佐のように切腹して抗議する人まで出たのであった。

そして、桜会の最初の具体的活動が三月事件であった。

これは未だにはっきりしない点が多いのだが、橋本らと結びついていた大川周明が宇垣陸相に働きかけたクーデター計画といわれる。無産党の大衆デモをきっかけに政友会・民政党両党本部や首相官邸を爆破し、軍隊が議会を包囲し内閣を総辞職させ宇垣陸相に大命を降下させるという筋書きだったという。

本気でこのようなことが考えられたのか、訝しく思われるところだが、こういう無理をしなくても政権が来そうになった宇垣が変心してクーデターは失敗したというのが、事件後の大川らの弁明である。これに対し、宇垣はすべてを事実無根と否定しているが、本当のところはわからないままである。しかし、大川らがこうした計画を練って宇垣に働きかけたこと、宇垣に人の話を「聞きおく」傾向があったことだけは間違いないといえよう（刈田徹・二〇〇一参照）。

郷詩会の人々

昭和六年（一九三一）八月二十六日、青山の日本青年館で郷詩会（社）という名の会合が開かれた。三月事件の失敗後、大川周明や桜会が秋に再度クーデターを計画しているというのでそれに向けて、陸海民間の昭和維新を目指す国家革新グループが総結集を期した会合であった。言いかえると後の血盟団事件・五・一五事件・二・二六事件の首謀者が全て集ったの

7―井上日召

である。

集った人々について簡単に説明しておこう。

血盟団（命名は事件後）盟主井上日召《いのうえにっしょう》は明治十九年（一八八六）に生まれ、前橋中学を卒業。東洋協会専門学校を中退し「煩悶」して大陸浪人的生活をした後、大正九年（一九二〇）帰国。日蓮宗の僧侶となり、昭和三年（一九二八）茨城県大洗海岸の立正護国堂の住職となった。そして人生問題に悩むなどしていた小沼正《おぬましょう》・菱沼五郎《ひしぬまごろう》ら付近の農村青年・下町青年・学生らに大きな影響を与えた。「革命とは、大慈悲のある者だけが行ずる資格をもつ菩薩行である」とは井上の言である。

昭和五年（一九三〇）一月に海軍青年将校運動のリーダーで霞ヶ関の海軍航空隊にいた藤井斉《ふじいひとし》大尉と知り合いになった井上は、十月に上京した。既述のようにこのころ世界恐慌は日本を直撃し失業者が溢れ、またロンドン海軍軍縮条約問題を機に国家主義陣営の危機意識は昂進していた。また九月に陸軍では武力クーデターも辞せずとする国家改造結社桜会が結成され、十一月に浜口首相は撃たれたのである。

東京で東大生四元義隆《よつもとよしたか》ら学生グループをも吸収した井上は、藤井を通して西田税ら陸軍青年将校グループともつながりを持つ状態となっていた。

一方、橘孝三郎《たちばなこうざぶろう》は明治二十六年（一八九三）茨城県生まれ。大正元年（一九一二）第一高等学校に入ったが、立身出世主義に嫌気がさし、トルストイに心酔して第一高等学校を中退。東茨城郡常磐村で農場経営を開始した。家族的独立小農論を唱え、昭和四年（一九二九）に近郊の青年を集め愛郷会を設立。世界恐慌による農村不況の中、昭和六年（一九三一）に会は愛郷塾に発展し農村の自治的立て直し運動に着手していた。五・一五事件では塾生が「帝都の暗黒化」を目指す変電所襲撃事件を起すことになる。

海軍では昭和三年（一九二八）三月に藤井斉が王師会を結成、三上卓《みかみたく》・古賀清志ら後の五・一五事件の中心人物達を主要メンバーとしていた。藤井は、後述の西田税の天剣党の海軍軍人唯一のメンバーであり、昭和五年（一九三〇）四月には「憂国慨言」と題された国家主義主唱の文章を執筆配布し、メンバーの増強と団結の強化に成功していた。

陸軍の青年将校運動は言うまでもなく西田税を中心軸としていた。西田は、大川と訣別して以来、北一輝の思想の青年将校達への浸透をさらに図り、天剣党事件（一九二七）というパンフレット配布事件を起し軋轢もあったが、北・西田派とでも言うべき青年将校の結集に成功していた。

天剣党事件というのは、天剣党という名の秘密結社の趣意書が配布された事件にすぎないのだが、それは同志名簿を添付してあり、しかも無断発表であったことから、一時、青年将校たちが西田から離反した事件である。

末松は次のように回想している。

私は激越な文調や内容はともかくとして、「全国の同志左の如し」と名簿をつけて全国の連隊に配った西田税の軽薄さに失望した。たとえその同志というのが、大した意味のないものにしても、隠密であるべき連判状まがいのものをガリ版ずりにしてくばる馬鹿があってよいものではない（末松太平・上、四七頁）。

ただし、昭和六年（一九三一）になって二人の関係は修復するし、他の将校達との関係も修復する。そして、その途上に現われたのがこの郷詩会の会合なのであった。

一方、前年の犀川農民騒擾事件に大きな刺激を受けていた大岸頼好は昭和五年（一九三〇）四月、「兵火」という文書の第一号を配布。六、七月頃には第二号も出している。「百姓の起す火」は「地についている」が「局所的」なので、これを「全局的」「組織的」に展開するのが「兵火」なのだという。そして「政党財閥亡国的支配階級」や「軍閥」を撃滅するため「農民及労働者の爆発を一挙に革命的に摂取する」ことが説かれている。その具体的方法は「東京を鎮圧し宮城を護り、天皇を奉戴するを根本方針とす」とされた「局所的クーデター」であった。これを見た取り締りの憲兵隊長は「共産党の印刷物とぜんぜん同じですね」と言ったという。そして、昭和五年（一九三〇）五月には陸海青年将校の連絡が成ったことが報じられている（『現代史資料四』五三頁、『現代史資料二三』二五八頁、末松太平・上、五一頁）。

こうして陸軍から郷詩会に参加したのは、大岸・菅波・末松・対馬勝雄《つしまかつお》・渋川善助（当時は民間人）らであった。

このように陸海民間の国家革新グループが桜会の十月事件クーデターに向けて結集したこの会合は、「こんごの組織強化のため、陸軍は大岸、海軍は藤井、民間は西田がそれぞれの中心となることにきまった」（末松太平・上、六六頁）にすぎないと末松が言っているにもかかわらず、極めて重要な会合であった。

十月事件

こうして十月に至るわけだが、十月事件のクーデター計画自体は次のようなものであったといわれる（刈田徹・一九八九、二二一—七頁）。

一、満州における関東軍の軍事行動と同時にクーデターを決行
二、加盟将校一二〇名、使用兵力は一三中隊程度参加・海軍機一三機等
三、首相官邸の閣議急襲、警視庁・陸軍省・参謀本部を占領・包囲
四、荒木貞夫中将に大命降下、橋本内相・大川蔵相等を予定

どこまで本気だったのか首を傾げるところが多いが、十月十七日、憲兵隊は十数名を保護して旅館等に軟禁し、クーデターはあっけなく挫折に終わった。法学者の松本一郎氏は、陸軍刑法三二条の反乱予備罪に該当するので一年以上の有期懲役または禁錮に該当する犯罪だとし、首謀者の橋本が重謹慎二〇日、長勇・田中弥大尉が重謹慎一〇日に終わったことに疑義を呈しているが、もっともだといえよう（松本一郎、三八七頁）。

この事件は、橋本ら佐官級将校が待合等で謀議を行ったことが不謹慎と見られ、また成功すれば鉄十字章等を与えるなど参加者を利で誘ったことがとりわけ問題となり、青年将校の幕僚への嫌悪感を植えつけることになった事件として重要であった。この事件が彼等の幕僚への離反と権力観の純粋化（政権奪取的傾向への忌避）を結果することになったのである。それは、クーデターとしての二・二六事件に微妙な影響を与えることになる。

クーデターに向けての謀議中に、橋本派の将校が「（方針の対立する）西田は予備少尉だから、召集して満州の第一線に追いやり戦死だとみせかけ、殺してしまうテもある」と言ったので「それにしてもヒドイことを考えるものだと、改めて未遂におわったクーデターの性格の一面にふれる思いがした」と青年将校の代表的メンバー末松太平は書いている（末松太平・上、一〇五頁）。

言い換えると〝こうした権力主義的幕僚とは一線を画したい〟と考えた人々が企図したクーデターが二・二六事件なのである。

なお、この事件の後、計画の発覚元について非難合戦となり、橋本と西田が対決することになったが、西田が出席しなかったため、西田の「負け」ということになった。西田は後年「今から考えると、その際出席しておけばよかったと思う。出席しなかったために、その後あらゆる圧迫を受け、こんなに苦しい生活はなかった」と言っている（「二・二六事件西田税公判廷陳述」）。

血盟団と五・一五事件

十月事件が未発に終った後、陸軍青年将校グループは十二月に成立した犬養内閣の陸相になった荒木《あらき》貞夫《さだお》中将の手腕に期待して非合法活動は避ける方向に向かった。これに対し民間・海軍グループは突出を続けた。

昭和七年（一九三二）一月七日、井上日召らと海軍青年将校が会合、紀元節を期し政財界特権階級の暗殺を決行することが決められた。しかし、上海事変が起き、海軍青年将校が出征することになったので一月三十一日にあらためて会合を開き、井上の民間側でまずテロ活動を行い、続いて海軍青年将校が蹶起するという二段階の計画に変更された。

まず、血盟団が突出する。

二月九日、前蔵相井上準之助《いのうえじゅんのすけ》（民政党選挙委員長）が選挙応援のため訪れた本郷駒本小学校前で、血盟団員小沼正に暗殺された。

三月五日、三井合名理事長団琢磨《だんたくま》が血盟団員菱沼五郎に、三井銀行玄関前で暗殺された。

三月十一日、井上日召が警視庁に自首し、大規模な集団連続テロ計画が発覚した。しかし海軍青年将校が蹶起する計画との連続性までは明らかにされず、五・一五事件を阻止することはできなかった。

昭和七年（一九三二）五月十五日、海軍青年将校と愛郷塾塾生らが首相官邸・日銀・政友会本部・変電所等を襲撃し、犬養首相を暗殺した。五・一五事件である。陸軍からは陸軍士官学校生徒のみが参加し陸軍青年将校グループは参加しなかった。前述のように彼らは前年十二月に着任していた荒木陸相の農山漁村救済措置に期待していたからである。

具体的には、三月二十日頃に海軍の中村義雄中尉が歩兵第三連隊の安藤輝三《あんどうてるぞう》大尉を訪ね蹶起を慫慂《しょうよう》しているが、安藤は、蹶起する時は個人でやるのではなく兵力を使用するということと現在は大義名分が立たないという二点を挙げ拒否している（『二・二六事件裁判記録』七頁）。

しかし、西田税は陸軍青年将校の参加を阻止した張本人と見られ、同日血盟団員の川崎長光に撃たれ重傷を負った。井上日召らへの判決が下った昭和九年十一月二十二日に西田は「日召子等判決（中略）不立文字、不立言辞、三年の謎—逆に終生の謎か。歴史よ歴史よ」と書いている（『西田税昭和九年日記』）。なぜ撃たれたのか得心の行かぬところがあったのであろう。

参加者のそして支持者の思考を示すものとして「五・一五事件檄文」を示しておこう。

日本国民に檄す日本国民よ！　刻下の祖国日本を直視せよ　政治、外交、経済、教育、思想、軍事！　何処に皇国日本の姿ありや　政権、党利に盲《めし》いたる政党と之に結托しに民衆の膏血《こうけつ》を搾る財閥と更に之を擁護して圧制日に長ずる官憲と軟弱外交と堕落せる教育、腐敗せる軍部と、悪化せる思想と、塗炭に苦しむ農民、労働者階級と而して群拠する口舌《くぜつ》の徒と！　日本は今や斯《か》くの如き錯綜せる堕落の淵に死なんとしている（中略）　革新の時機！　今にして立たずんば日本は滅亡せんのみ（中略）　而して　陛下聖明の下、建国の精神に帰り、国民自治の大精神に徹して人材を登用し、朗らかな維新日本を建設せよ（中略）吾等は日本の現状を哭《こく》して、赤手《せきしゅ》、世に魁《さきが》けて諸君と共に昭和維新の炬火を点ぜんとするもの（中略）起て！　起って、真の日本を建設せよ！　昭和七年五月十五日　陸海軍青年将校　農民同志（『現代史資料四』一〇三―四頁）。

血盟団事件・五・一五事件の大きな社会的意味はむしろその後の裁判の方にあったと言えよう。翌年から開始された裁判の公判の様子は大々的に報道され、〝腐敗堕落した既成の政党政治家・財閥・官僚等の特権階級を打倒せよ〟という彼らの主張が連日のように新聞紙面を賑わしたのである。

そして、世界恐慌下金解禁を実施し大不況を招いた責任者と見られていた井上準之助と、「ドル買い」で巨万の富を得たと見られていた三井財閥の代表者団琢磨が血盟団事件で撃たれたことは、実行者たちを一種の「英雄視」するような風潮を生み出したのである。公判が「昭和維新運動」を促進したことになり、猶存社以来の超国家主義運動家達の主張はここに広汎化していったのであった。

昭和維新の特徴的意識

こうした昭和維新運動を理解するにはその意識的側面と思想的側面とに分けてみていくことが必要であろう。その意識的側面については、とくに民間側の運動である血盟団事件についての橋川文三の優れた考察があるので見ておきたい。橋川が、彼らの特徴的意識として指摘しているものを私見を交えてまとめておくと以下のようになる。

一、彼らは、イデオロギーや理性に基づき「外から」加盟したのではなく、「苦悩や法悦」を通して「内から」結集している。それは「直接の人格的交情関係」によって結ばれた集団であった。

二、井上準之助を殺害した小沼正は、拘禁中に仏教典を読むことができ仏教の何物かをつかむことができたので「殺人は如来の方便」であり、井上は「逆縁の師匠である」と言っている。また、団琢磨を殺害した菱沼五郎は、殺害して初めて「自分という者を認め、団という者を認めた。それまでは団が自分であり、自分が団であった」として「自分の暗殺は神秘的暗殺である」としている。それは〝日本国家の危機〟というような時務情勢判断に基く行為のように見えるが、実は永遠の相の下での「相対一如」的意識を持った宗教的神秘的行為と解するしかない。

三、彼らの行為は「内面的完成」を目指す求道者的スタイルで行われている。「彼らの発想は自我対絶対の一元的基軸の上に置かれており、ある意味ではラジカルな個人主義の様相さえ帯びている。これを作り出したのは大正期に下層中産階級がおかれていた社会的緊張状況であり、そこにおける自我が緊張の限界を突破しようとした時に現われたのが昭和超国家主義なのであった」。

四、「人間は人間らしく生きることである」という小沼の上申書の文章こそ彼らの究極の衝動の源泉であり、昭和超国家主義の原動力なのである。

それは、日本社会の奥深い意識の層から現われ仏教的表現をとったものと、「人間らしく生きる」という近代的要素とをともに感じさせるものである。こうした新旧意識のアマルガムは二・二六事件の青年将校にも共通するものとなる（橋川文三・一九九四、二七―三一頁）。

また、思想的側面を見ていくために、当時、「昭和維新の歌」とも言われ青年層に広汎に普及していった、五・一五事件の海軍青年将校の一人三上卓中尉の作詞になる「青年日本の歌」の歌詞を掲げておこう。

昭和維新の歌

昭和維新の歌（青年日本の歌）（『現代史資料四』四九八―九頁等を参考にしたが異説は多い）

一、汨羅《べきら》の淵に波騒ぎ　巫山《ふざん》の雲は乱れ飛ぶ　溷濁の世に我立てば　義憤に燃えて血潮湧く

二、権門上《かみ》に傲《おご》れども　国を憂うる誠なし　財閥富を誇れども　社稷《しゃしょく》を念《おも》う心なし

三、噫呼《ああ》人栄え国亡ぶ　盲《めし》いたる民世に踊る　治乱興亡夢に似て　世は一局の碁なりけり

四、昭和維新の春の空　正義に結ぶ丈夫《ますらお》が　胸裡百万兵足りて　散るや万朶《ばんだ》の桜花

五、古びし死骸《むくろ》乗り越えて　雲漂揺《ひょうよう》の身は一つ　国を憂えて立つときに　丈夫の歌なからめや

六、天の怒りか地の声か　そも只ならぬ響あり　民永劫の眠りより　醒めよ日本の朝ぼらけ

七、見よ九天の雲は垂れ　四海の水は雄叫びて　革新の機《とき》到りぬと　吹くや日本の夕嵐

八、噫呼うらぶれし天地《あめつち》の　迷いの道を人はゆく　栄華を誇る塵の世に　誰《た》が高楼の眺めぞや

九、功名何か夢の跡　消えざるものはただ誠　人生意気に感じては　成否を誰か論《あげつら》う

十、やめよ離騒の一悲曲　悲歌慷慨の日は去りぬ　吾等が剣《つるぎ》今こそは　廓清《かくせい》の血に躍るかな

与謝野鉄幹《よさのてっかん》・土井晩翠《どいばんすい》調であり、旧制高校硬派風である。出て来る故事が「汨羅の淵」や「離騒の一悲曲」など中国の憂国の政治家・詩人屈原《くつげん》に関わっているのは日本文化の伝統に倣っているという

ことでもあるが、親アジア主義的発想から来ることだともいえよう。それは、「権門」や「財閥」を攻撃する平等主義がアジア主義に包摂されていたことを証している。

昭和維新運動においては、一貫した思想は平等主義であり、国内的「無産者」と国際的「無産者」は同一視され、彼らを抑圧する国内的・国際的「特権階級」は打倒対象であった。等しく前者は後者から解放されるものだと見られていた。具体的には、国内的「弱小隷従階級」と国際的「弱小隷従地域」=「アジア」とが、国内の「親英米派的重臣・財閥等特権階級」と「植民地支配特権大国」と戦い倒すという図式となる。

従って、昭和維新運動の台頭は国内の「親英米派」の衰退に結びつくことになるのだった。二・二六事件後の昭和十三年（一九三八）に近衛文麿内閣から「東亜新秩序声明」というものが出されるが、これは帝国主義・植民地主義を否定し、アジアとの連帯を強調したもので、近代日本史上アジア主義がはじめて日本の国策に取り入れられたものであり、アジア主義団体東亜連盟から絶賛されることになるが、それもこうした思想の広汎化から出てくることになるのである（ただし、これは、一方ではアメリカを刺激し翌十四年の日米通商航海条約破棄通告を導き出し日米戦争の一因になり、他方では翌々十五年に松岡洋右《まつおかようすけ》外相による「大東亜共栄圏」となって、〝日本盟主的〟なものとなってしまうという複雑な波紋を生むのだが）。

Ⅱ 昭和陸軍の形成

8 ― 永田鉄山

永田は陸士一番・陸大二番（一番は梅津美治郎）という陸軍きっての秀才であった．想定された通り昇進して行ったが，二葉会・木曜会・一夕会などの軍内結社形成を始め，それが軍内の激しい抗争を生み出すもとになったことも否定できない．

1 「下剋上」の時代

長州閥と九州閥（薩摩閥）の対立

さて、五・一五事件に際して、陸軍青年将校グループが参加しなかった事情として、前年十二月に着任していた荒木貞夫陸相に期待していたことをあげたが、それはどういうことなのか。次にこの時期に至るまでの陸軍の内部過程、派閥対立について簡明に説明していきたい。

薩長藩閥政府において、明治以来海軍では山本権兵衛を中心にした薩摩閥の勢力が強かったのに対し、陸軍が山県有朋を中心にした長州閥によって牛耳られてきたことはよく知られたことだと思われる。その長州閥は山県以後、寺内正毅《てらうちまさたけ》・田中義一《たなかぎいち》を中心にして受け継がれてきたが田中で人材が切れ、長州閥は岡山出身ながらそれを受け継いだ宇垣一成閥の時代へと転換していった。

これに対抗していたのが九州閥で、薩摩の支藩都城出身の上原勇作《うえはらゆうさく》から宇都宮太郎《うつのみやたろう》に受け継がれ荒木貞夫・真崎甚三郎《まさきじんざぶろう》らに至る。

こうした九州閥の反抗もある中、ワシントン海軍軍縮条約（一九二二）下の時代に、山梨軍縮（一九二二、一九二三）と宇垣軍縮（一九二五）という軍縮が行われたことはすでに記したが、宇垣はこの軍縮時代に三度六年に渡り陸軍大臣を務め宇垣閥時代を現出したのである。

バーデン・バーデンの盟約と一夕会

ワシントン海軍軍縮条約締結の前年大正十年（一九二一）に、ドイツの温泉保養地バーデン・バーデンに陸士一六期の三羽烏と言われた永田《ながた》鉄山《てつざん》・小《お》畑《ばた》敏四《とし》郎《ろう》・岡村寧次《おかむらやすじ》が集りバーデン・バーデンの盟約というものを交した。

駐在武官などの資格でヨーロッパの第一次世界大戦の跡を見て回った彼らはその成果から、日本陸軍の近代化に向け総力戦体制確立と長州閥専横人事の刷新を申し合わせたのである。当時ライプチッヒにいた東条英機（陸士一七期）も後にこれに加盟する。もっともそれ以前から彼らの盟約的関係は形成されていたのであり、この時点が一つのきっかけになったということである。

彼らは帰国後、二葉会（一九二三—一九二七頃）や木曜会（一九二七）などの研究会を催し同志の獲得と研究に努めた。木曜会は鈴木《すずき》貞一《ていいち》ら若手幕僚らの会に、二葉会の永田・東条らも参加したもので、石原莞爾《いしわらかんじ》もこれに参加している。

また彼らは反長州閥ということで九州閥と接近することになった。その間にバーデン・バーデン時にはなかった「満州問題」が浮上するとともに、総力戦体制確立の初歩的布石とも言える整備局が陸軍省に設置され、初代動員課長に永田が就任したのだった。

昭和四年（一九二九）五月、新たな結社一夕会が結成されたが、それは二葉会と木曜会の合併であった（新規メンバーも加入）。メンバーは、河本大作《こうもとだいさく》・永田鉄山・小畑敏四郎・岡村寧次・東条英機・

板垣征四郎《いたがきせいしろう》・山下奉文《やましたともゆき》・石原莞爾・鈴木貞一・武藤章《むとうあきら》・田中新一《たなかしんいち》・富永恭次《とみながきょうじ》らであり、昭和の陸軍を動かす中枢的人物が結集している。ただ、例えば梅津美治郎《うめづよしじろう》はこういう組織に加わっておらず、彼の超派閥的傾向がよく窺えるのである。逆に言うと永田はこういうことに積極的な人であり、結果的に陸軍の派閥化を促進した人なのである。

さて、その一夕会が出した決議があるが、それは以下の三点であった。

一、陸軍の人事を刷新して、諸政策を強く進めること。

二、満蒙問題の解決に重点をおく。

三、荒木貞夫・真崎甚三郎・林銑十郎の三将軍を謫《も》り立てながら、正しい陸軍を立て直す。

一と三はバーデン・バーデン盟約以来の課題であり、当時は宇垣閥全盛期なので具体的には反宇垣的傾向を志向したことになる。そして、二はバーデン・バーデン盟約にはなかったことであり、「満蒙問題」が新たな問題として登場してきたことを窺わせるのである。

張作霖爆殺事件と「下剋上」の風潮

そして二葉会・一夕会の有力メンバーである河本大作が起したのが昭和三年（一九二八）の張作霖爆殺事件（満州某重大事件）であった。それは、蔣介石《しょうかいせき》の北伐が満州にまで迫り、日本がこの地域に持っていた権益が脅かされる危険性が高まる事態となってきた際、従来日本に友好的と見られていた張作霖が十分言うことを聞かなくなってきたのに業を煮やした河本ら関東軍参謀らが企てた謀略事件であった。

二葉会にせよ一夕会にせよ、彼らの会合ではしきりに張作霖爆殺事件をめぐる河本の処分問題が議論されていることが記録からわかる（筒井清忠・二〇〇六、一八六頁）。昭和四年（一九二九）一月十二日の二葉会のテーマは「張作霖爆殺事件に関しての陸軍の善後策」「河本の救助策」である。ここで彼らは河本宛の激励の寄せ書きをしている。そして、岡村寧次は翌日荒木貞夫陸大校長を訪ねてこの問題の対策運動の経過を聞いて永田鉄山に会い打ち合わせ、翌々日は東条英機を訪ねて経過報告をしている。岡村はさらに翌月には、東条の所で上京中の関東軍参謀石原莞爾に東京における河本事件の様子を語り、石原離京に際しても河本事件の善後策を打ち合わせるなど極めて活発に活動している。省部の中枢幕僚の彼らが河本処分反対で動き回っていたのである。

陸軍は徹底的な処分ができず、結局河本らを行政処分に留めることにした。厳正な処分を一旦は天皇に奏上していた田中義一首相は天皇の怒りをかい、内閣は総辞職、まもなく田中は死ぬ。

昭和十五年（一九四〇）に陸軍省軍務局軍事課課員を務め、その後太平洋戦争ではレイテ戦の第三五軍参謀を務めた加登川幸太郎は、この事件の処分問題の時期に陸軍部内に「横断的結束、下剋上の風潮の台頭」が始まったとしている。

満州某重大事件のあと始末で、本当に大佐、中佐クラスの人たちが団結をして、内閣をつぶし、元の長閥の親玉の田中義一に反抗して、遂には死なしてしまった。こうしたところから陸軍はおかしくなってしまったと私は思っておる。

私はこのときに陸軍の下剋上的朋党の力というものがまざまざと見せられたんだと思う。それをやったのは一六期とか一七期などの人達だ。あの人らになんで若い者の下剋上を叱る資格があろうか。始めたのは自分たちなんだから。自分たちが始めて、それの煽りを食って困ったのがまた自分たちなんだ。若い者がみんな真似したわけだ。これからどんどん突き上げていくもんだから、陸軍はがち（ゃ）がちゃになってしまったのである。昭和天皇様がその独白録で、「（昭和の将軍たちは）部下統率の力量に欠け、所謂下剋上の状態を招いた」ことを敗因の一つに挙げておられるが、そのもともとはこうしたことから発しておるのであると私は思う（加登川幸太郎・上、一五二頁）。

加登川は、永田を中心とした陸士一六期の軍人達の結社形成と横断的活動が陸軍の下剋上の一つの端緒をなし、後代に大きな悪影響をもたらしたと見ているわけである。皇道派と統制派の対立が激しくなった頃、永田は陸軍の派閥解消を提言するのだが、二葉会・木曜会・一夕会結成に積極的に動いた永田にそれを言う資格がないと、後に陸軍の中枢にいた人から見られていたわけである。

この時点での陸軍の中堅幕僚の動きとはこうしたものであった。

青年将校運動

すでに述べたように青年将校運動は西田税を基点にして、菅波三郎・大岸頼好・末松太平らの草分け的存在を経て広汎な裾野を持つ運動として展開しつつあった。

こうした状況の中で永田らの運動もあり荒木が陸相に就任したのである。そして、熊本の第六師団

9 — 荒木貞夫

長であった荒木が昭和六年（一九三一）八月の人事異動で（陸相就任前に）教育総監本部長に戻っていたことも大きいが、その際荒木が第六師団から東京の歩兵第三連隊に菅波を連れて帰ったことも大きかった。菅波の登場により歩兵第三連隊は青年将校運動の中心的連隊となるのであり、二・二六事件の中核をなす栗原安秀《くりはらやすひで》中尉も中橋基明《なかはしもとあき》中尉もその感化により青年将校運動に加わるのである（「栗原安秀国家改造運動に参加せる事情」「中橋基明二・二六事件公判調書」）。

なお、これから述べる皇道派全盛期になると、皇道派の松浦淳六郎人事局長（一九三二年二月―一九三五年三月）、小藤恵《こふじさとし》補任課長（一九三三年三月―一九三五年八月）は皇道派青年将校を「遠くやらない方針」であったことを磯部《いそべ》浅一《あさいち》が証言しており（「磯部浅一聴取書」『昭一一　二・二六　反乱事件訴訟記録（三二冊の内第二九号）』）、皇道派上級将校と青年将校達との密接な関係が窺えるのであるが、それ以前のこの時期までは柴有時《しばありとき》の弟時夫のように、天剣党のメンバーであったことにより「陸軍の黒星組」とされ、転任の先々で「憲兵より危険分子視」され「悶々の情を常に訴え」るというような状態に彼ら青年将校が置かれていたことも忘れてはならない（「柴有時上申書」）。

2 皇道派と統制派の対立

初期皇道派と統制派の分化

荒木陸相の登場は昭和六年（一九三一）十二月、犬養内閣においてであった。九州閥上級将校・一夕会系中堅幕僚・青年将校グループの三者が揃って歓迎したのである。これを初期皇道派という。

従って初期皇道派は図10の三層から成り立っていた。

しかし初期皇道派は分裂し、皇道派と統制派の対立時代が来ることになる。どうしてそのような事態が訪れたのか。

その原因は荒木ら皇道派首脳の不振にあった。その中身としては大きく二つある。

一つは彼らの恣意的人事にあった。荒木らは、彼ら以前の陸軍の主流たる宇垣閥及びそれに連なる南次郎《みなみじろう》系を徹底して追放する人事を行ったのである。そして軍政畑未経験の山岡重厚《やまおかしげあつ》を陸軍省の最重要ポスト軍務局長にするなど、強引な党派的な人事を行ったのであった。永田ら一夕会系の幕僚たちの支持はこれによって得にくくなる。

また、陸相としての荒木は予算編成に当って高橋是清蔵相に抑えこまれ農山漁村救済予算をほとんど実現できず、青年将校達は大きく失望した。「荒木は口先だけ」と言われだしたのである。

こうして荒木自身にも自己の不評が感じられる中、昭和九年（一九三四）一月、風邪を引いたのを契機に荒木は陸相を林銑十郎《はやしせんじゅうろう》に譲ることにした。荒木の政治的延命のために真崎らが取り計らったことであり、林ならば悪いようにはしないと期待して行ったことであった。しかし、林は機を見るに敏な人であり、荒木らの恣意的な人事が宮中にまで不評であることを嗅ぎわけ、自己のヘゲモニー確立に動く。そのために登用していったのが、荒木らに失望して離反し始めていた永田らのグループであった。これが統制派と呼ばれるものなのである。

統制派がいつごろ成立したのかははっきりしないが、昭和八年（一九三三）秋頃に永田鉄山・東条英機・武藤章・富永恭次らが研究会を開始したのが一つの起源であることは間違いない。この研究会のメンバーであった池田純久《いけだすみひさ》がそう書き残しているのである。荒木陸相に失望した永田らが「高度国防国家建設」に向けて研究会を始めたのである。

この年八月から陸軍省調査班に勤務した皇道派の満井佐吉《みついさきち》中佐は、「東条少将、池田純久中佐、田中清少佐、片倉《かたくら》（衷《ただし》）少佐等の軍中央部幕僚亦反荒木的気勢を示し」「陸相を更迭せん」という気配を示し出したという証言を二・二六事件後にしている（「満井佐吉聴取書」）が、これらの人々こそ統制派なのである。

そこで彼らは荒木らに追われた旧宇垣閥の南次郎系に接近することになっていった。それに対して青年将校グループは荒木には失望したがなお真崎らの上級将校と

荒木・真崎ら九州閥将官
永田ら一夕会幕僚グループ
青年将校運動

10――初期皇道派の構成

友好関係を保ったので、ここに統制派幕僚と真崎ら上級将校・青年将校が対立することになる。こうして初期皇道派を形成した三者のうち、統制派幕僚グループが抜けて分化し、〝分化独立した統制派〟対〝旧九州閥の上級将校グループと青年将校運動が合体したものとしての皇道派〟との対立という時代へと突入することになったのである。

この後者の状況については、二・二六事件に参加した池田《いけだ》俊彦《としひこ》少尉が次のように語っている。

> 青年将校の運動は、既に三月事件や十月事件を経て、軍中央主導の運動に愛想をつかし、自らの力を結集して既成勢力と妥協しない新しい運動を展開していたのである。このような考え方は全国の軍隊内に浸透していたし、軍中央部にも理解を示す人は多かった（池田俊彦、二一頁）。

偕行社会合

昭和八年（一九三三）十一月六日と十六日に、九段上の富士見荘と陸軍の親睦クラブ偕行社において幕僚と青年将校グループの会合が開かれた。これは栗原安秀中尉と親しかった斎藤《さいとう》瀏《りゅう》予備少将や満井佐吉中佐・田中清少佐の仲介によるものと言われている（ただ、憲兵隊資料では「影佐《かげさ》（禎昭《さだあき》）中佐が主幹なりしが如く察せられ」とし、「上司の了解あるに非ざるや」と見られている）。

十一月六日の会合参加者は、影佐・満井各中佐、馬奈木《まなき》敬信《たかのぶ》・池田純久・今田新太郎各少佐、常岡《つねおか》滝雄《たきお》・権藤恕・山口一太郎《やまぐちいちたろう》・柴有時・目黒茂臣・辻政信《つじまさのぶ》・三品隆以各大尉らであった。磯部浅一・村《むら》中孝次《なかたかじ》ら西田税系統の人は演習に参加しており、出席していない。

山口が「目下陸軍将校が各派に分れ居るが大同団結し一体となるを要す」と発言してそれは始まっている。今田が、「時局に関心を持つ」青年将校が多いが「隊務に精励しありや」と言ったところ、馬奈木が「兵卒の家庭の事情を知るに及び農村問題等に関心を持つは当然」と説明するなどの問答があったが、馬奈木が憲兵と西田の近接性を指摘しそれに対し目黒が「デマ」だと反駁したように「全般を通し西田税に対する攻撃相当あり」とされるような会合であった。

十一月十六日の最後の会合の出席者は次の通りである。牟田口《むたぐち》廉也《れんや》・清水《しみず》規矩《のりつね》・土橋《つちはし》勇逸《しゅういつ》・武藤章・下山《しもやま》琢磨《たくま》・田副《たぞえ》登《のぼる》・満井各中佐、池田・田中清・今田各少佐、片倉・常岡・山口・柴・目黒・村中・大蔵《おおくら》栄一《えいいち》各大尉、磯部二等主計。

この会合については、従来の研究には誤解があったので、ここで少し詳しく説明しておかねばならないだろう。

すなわち、元々十八日に柴・山口の斡旋で偕行社で約二〇〇人の尉官級の会合を開こうとしていたのに対し、佐官級幕僚が中止を求めたことからこの会合は開かれたものなのである。そして大蔵はこの日の様子を次のように書いている。

> お歴々がいならぶ大テーブルのまえに、私ら若いものがちょうど被告のようにすわっていた。まず、牟田口中佐が発言し、つづいて清水中佐が発言した。その内容は陸軍内の大同団結を強調し、青年将校の行動を抑制しようとするものであった。のっけからわれわれの言い分を聞こうと

する態度ではなかった。すべてが高圧的であった。

「これでは話が違う。オイ、大蔵帰ろう」と、柴大尉が憤然として起ち上がった。

「……」私と磯部は黙って柴大尉に続いて起ち上がった。これでこの会合はあっさり終わった。席についてから起ち上がるまで、二十分か三十分ぐらいの短時間であった（大蔵栄一、一二八頁）。

また、憲兵隊の記録には「尉官級は（十八日会合の中止要請を）考慮すべしと留保し散会せるが柴大尉は相当反駁せり」とある。柴が最後に強い発言をしたという点で二つの資料は一致している。従って、ここからは柴が反駁し青年将校が退席することになったので何も決まらなかったということが確認できるわけである。そして村中らは「此（十六日）会合以来特に目立って弾圧が激しくなった」としている。なお結局、十八日の会合は十七日に「突然中止を慫慂せられ取り止め」となり、通知漏れなどの約四〇名くらいが集まる結果となっている。

一方、幕僚側の池田純久は次のような記録を残している。

いよいよ懇談の最後になって、村中大尉は、「軍中央部は我々の運動を弾圧するつもりか」と念を押してきた。（中略）われわれの態度はすでに決まっている。

影佐中佐が立って厳然として言い放った。

「そうだ。今後軍の方針―それは今話したとおり―に従わねば、断固として取り締るであろうし、あくまで政治活動を望むならば、軍籍から身を退いて野に下り、自由自在に活躍するがよい。

それはもちろん自由である。しかし軍の埒内ではかってな行動は許さない」一瞬、険悪な空気が場内にみなぎって、せっかくの懇談会も物別れとなった（池田純久、一五―六頁）。

これを、竹山護夫が「（十六日の）会合の最後」の発言としたので、従来そのように多くの研究が踏襲してきたが、十六日の会合には既述のように影佐は出席していない。また、池田の回想では、「影佐中佐が立って厳然として言い放った」ことになっているのに、大蔵の回想では、柴が、すなわち青年将校が「憤然として起ち上がった」ことになっている。

これは、自派が優勢のうちに会合が終わったという印象を持ちたいという心理がともに作用しているように思われるが、より中立的な憲兵隊の資料が柴発言を記録していることからしても大蔵の記述の方が信頼性が高いように思われる。すなわち十六日会合において「断固として取り締る」というような発言があったとしても、発言者はもちろん影佐ではなく、また会合の途中でこのような発言が行われたということであろう。

ともあれ、重要なことは、二つの会合を通じて、幕僚側は〝国政改革は陸軍大臣を中心に軍中央が行うので、青年将校は軍内横断的政治工作・運動をするな〟ということを主張したのに対し、青年将校側はこれに反発して〝我々が挺身して革新の烽火を挙げる〟と主張し、両者の「せっかくの懇談会も物別れとなった」ということであった（以上、憲兵隊史料は「陸軍一部将校の動静概況　其五　昭和八年十二月八日」『二・二六事件研究資料三』四七―九頁。そのほかは「粛軍に関する意見書」『現代史資料四』六三四頁、竹山護夫、一四七―五一頁に依った。なお「粛軍に関する意見書」の活字版のみに見える十一月十六日出席者「寺尾」は確実性が乏しいので省いた)。

永田軍務局長の青年将校運動弾圧

その後、昭和九年(一九三四)三月、林陸相は永田を軍務局長に起用した。すると永田は青年将校の集会を禁じたと見られる措置を講じ始めた。

村中孝次によると、五月頃軍人会館で中尉少尉を主体とする五、六〇名の青年将校の会合を催したのだが、さらにこれに二、三倍する規模の会合を開くことを決め、広義国防に関する会合であるということで永田軍務局長の同意を得た。ところが、会合前日になり永田軍務局長から指導通知が出て大部分の者が出席を禁止され、戸山学校ではそれに従わなかったとして処分者も出たという。村中は、一度了解を与えたのだから禁止するなら理由の説明をすべきだと不満を抱いたという(『二・二六事件裁判記録』八―九頁)。

また、磯部浅一は五月末に宇垣朝鮮総督入京反対を趣旨とした同期生の会合を偕行社で実施しようとして永田軍務局長より「弾圧されました」としている(『二・二六事件裁判記録』七二頁)し、六月に青年将校達が企図した連合同期生会も開催を阻止されている(「村中孝次決起の目的に就て」)。

当時青年将校達は「上下一貫　左右一体」と称して、上長・部下・同輩へと運動を伸ばすことを試みていたのだが、それらが禁圧され出したのである。永田軍務局長が青年将校の運動の弾圧に乗り出したのだと見られても致し方のない事態であった。

秋には『国防の本義と其強化の提唱』（一九三四年十月）が出され、そこでは高度国防国家建設、総動員体制構築、そのための社会政策・農山漁村救済が謳われた。社会政策・農山漁村救済が謳われているのであるから、運動が禁圧される中、「上下一貫　左右一体」を唱えていた村中や安藤輝三大尉はこれを支持する活動をしている（「村中孝次決起の目的に就て」「二・二六事件安藤輝三証人訊問調書」）。

この時、磯部は「下士官兵に教育して下士官兵を維新的に導き全国的に活動」しようとして、辻政信大尉に交渉して同道してもらい永田軍務局長に会ったが、「そんなことは余計なお世話である」と言われたという（『二・二六事件裁判記録』七三頁）。

会見前後の詳細が不明な点もあるが、辻の同道で会ったのだから、青年将校を善導する発言をしていれば、以後の事態は随分変わったのではないかとも思われる。永田は、〝威圧的だ〟と言われる自己の不評を自ら作り出している所があった。

陸軍士官学校事件

昭和九年（一九三四）十一月二十日、青年将校運動の中心人物磯部浅一・村中孝次らがクーデター計画容疑で憲兵隊により検挙された。陸士の生徒にクーデター計画を話したという容疑であった。磯部らはこれを、統制派の辻政信・片倉衷の策謀によるものとした。しかし翌年春、磯部ら二人は停職処分となり、陸士生徒五人が退学処分となる。また検挙された後磯部・村中の二人は辻・片倉を誣告罪《ぶこく》で告訴し反撃したが、無視されたので昭和十年（一九三五）七月にはこの間の陸軍の内部事情を暴露した文書『粛軍に関する意見書』を発表。これに対し今度は陸軍は二人を免官にした（昭和十年〈一九三五〉八月二日）。

事件の真相は長く明らかでなかったので筆者は解明に努めたが、今回以下のようなものであることが判った。

まず五・一五事件などに影響を受けた陸士候補生次木一らが直接行動を計画し村中ら青年将校に接近、両者の接近を知った辻中隊長が両者を離反させるために（辻から見れば候補生を守るために）、情報収集・離反活動者として彼らの間に陸士候補生佐藤勝郎を送り込んだ。この過程で村中が、候補生の運動からの離脱を恐れて元来準備のない直接行動計画を不用意に話した。

ところが、候補生の側にも最初から企図自体はあったのだから、不穏な事件が切迫していると誤認した辻と片倉らが事件勃発を阻止することを主目的として憲兵隊に知らせた。しかし、憲兵隊などの動きが十分でないと見た辻らは陸軍次官に直接訴えて事件化したのであった。

その際、参謀本部の片倉少佐は職責上辻に協力したのだが、参謀本部の上司に報告するのではなくいきなり陸軍次官に訴えたことなどからして、片倉には職責を超えた青年将校取締企図があった可能性が高い。この点の可能性は辻にもあるのだが、直接候補生に接していた辻には、それがあったとしても片倉に比べればその度合いはずっと少なかったものと思われる。

以後は、皇道派はリーダー格の真崎が教育総監という教育に責任ある地位にいたため思うように青

11──真崎甚三郎

年将校支援の活動を行うことができなかったのに対して、青年将校運動の取締に強い意欲を持っていた永田軍務局長の方がその地位からして攻勢に出ることができ、村中らによる誣告罪告訴などの反撃も強権的に押さえ込むことができた。しかし、あまりに強権的なその手法は村中らによる『粛軍に関する意見書』発行、さらには後述のように自己への刃という最大の報復を生むことになり、青年将校運動の取り締まりどころかいっそうの過激化、急進化を生むことになったのだった。

なお、村中は当時、陸軍のエリートコースを行く陸軍大学校（以下、「陸大」）の学生となっていたのであるから、この事件の影響は大きかった。ショックで妻は流産したという（「菅波三郎第四回被告人訊問調書」）。

村中が陸大に入ったのは元来、東京で維新運動を行うためであったが（これを村中から直接聞いた村中の知人の谷田勇少佐の筆者への談、昭和六十年〈一九八五〉三月十八日）、この事件がなければ翌年、村中が陸大学生の道を捨ててまでクーデターに走ったかは微妙なところである。

また、この事件の際、村中が陸士生徒にクーデターなどやらないようにと説得した際「五・一五事件当時の如き社会状勢ならば兎に角今の状勢では夫れ（直接行動）は無暴」と言った（『二・二六事件裁判記録』九頁）としているのも興味深い。説得のためのレトリックということもあろうが、この認識からは翌々年の行為（クーデター）が、彼にとってもかなり唐突なものであったことをうかがわせるからである（陸軍士官学校事件については拙稿近刊「陸軍士官学校事件」参照）。

12―相沢事件

真崎教育総監罷免と相沢事件

そして、この動きと相前後して起きたのが真崎教育総監罷免事件であった。林陸相就任後、次々と皇道派左遷人事が続き、皇道派にとって最後に残った重要ポストが陸軍三長官の一つ教育総監であった。このポストにあった真崎を林陸相は罷免したのである。

真崎は、陸軍三長官人事は三長官の合意によらずしてはできないとして陸相の人事権の否定を試み、三月事件の際の永田軍務局長のクーデター企画書なるものまで持ち出し争ったが敗北しポストを失った。

真崎が教育総監を罷免され（七月十五日）、磯部浅一・村中孝次が免官された（八月二日）ことを以って統制派による皇道派への全面的圧迫・抑圧と見た皇道派の相沢三郎《あいざわさぶろう》中佐は八月十二日に陸軍省軍務局長永田少将を斬殺するに至った。相沢事件である。皇道派の強烈な逆襲であった。

永田は「合理適正居士」と呼ばれた理知的な人であったと言われているが、五・一五事件の時、省部の課長級以上の居並ぶ陸相官邸の大広間に現われた菅波三郎・栗原安秀・安藤輝三ら青年将校に「士官候補生を使嗾《しそう》してやらしたのはお前達だろう、何故お前達も一緒にやらぬか、お前達は卑怯だ」と言い、「何たる罵言ぞ、何たる侮辱ぞ、彼は自ら三月事件黒幕参謀たり乍ら何たる自己欺瞞ぞ、その冷酷なる表情、誠意なき叱責、余等憤然として席を蹴って帰る」（菅波）という出来事を起こしている（「二・二六事件菅波三郎手記」「二・二六事件栗原安秀手記」）。

三月事件における永田の役割の詳細はわからないが、この五・一五事件時の発言については二人が証言しているので間違いなく、またしても恨みを買いやすい発言をしたと思われるのである。永田は「理知的」な人だったのだろうが、「人情の機微に通じない」いわゆる「エリート秀才」的な意味での理知的というところがあった可能性が高いと言えよう。

さて、こうして両派対立はのっぴきならないところまで来たのである。この後、林陸相は責任を取って辞め、中立系の川島義之《かわしまよしゆき》が陸相になる。川島は両派の調停を考えたようだが、大した手も打てないままに昭和十年（一九三五）の秋になり、青年将校達は翌年一月に始まる相沢公判に力を注ぐものと見られていた。

Ⅲ　クーデター計画の実像

13―磯部浅一（左）と村中孝次（右）
陸軍士官学校事件で結局免官となった磯部・村中の二人は二・二六事件の最も中心的な原動力であった．二人とも北一輝に深く傾倒し北を尊敬していた．冷静な村中と激情型の磯部とによって事件は計画されていく．

1　青年将校の人物像

二・二六事件の中身に入る前に、ここで、まず事件の中心となる青年将校のプロフィールを簡単に紹介しておくことにしたい。

磯部浅一

磯部《いそべ》浅一《あさいち》前一等主計は、明治三十八年（一九〇五）山口県生まれで、生家は農家であった。大正八年（一九一九）、広島陸軍地方幼年学校に入学し大正十一年（一九二二）卒業。続いて陸士予科に入学し大正十三年（一九二四）卒業、歩兵第八〇連隊士官候補生を経て陸士本科入学。昭和元年（一九二六）卒業して少尉に任官した。昭和七年（一九三二）陸軍経理学校に入学。翌年卒業して陸軍二等主計となった。昭和九年（一九三四）さらに一等主計となったが、野砲第一連隊付の時に前述の陸軍士官学校事件が起き、翌年四月停職、八月免官となっている。

磯部が国家革新運動に関心を持ったのは陸士本科在学中であった。

欧州大戦、関東大震災の後を承けて日本国ががた付きました。宇垣、山梨、南大将の陸軍大臣の時代に二回に亘る軍備縮小あり、私共は非常に肩身を狭く感じました。此の時に世相の頽廃人心の軽佻を慨して国家の前途を憂え、これでは不可と云うので国家改造運動に向って進んで行ったのであります。

磯部在学中の陸士では社会主義思想の影響を受けて退校となったり、女性問題で放校になるものが多く出たりするなど「混沌たる空気」で、その中にあった磯部は、菅波三郎・村中孝次など三七期生の中に「士官学校内の腐った空気を刷新せねばならぬ」と考える「同志」を見つけた。

そして西田税の書いた天剣党宣言や大学寮のパンフレットを読んで共感し、大学寮を訪れ西田に会うなどした後、朝鮮の第八〇連隊に赴任した。

「初年兵の身上調査に依り、其の大部分は家庭貧困でありまして、教育する私に色々の家庭の状況を訴えまして国家の権力者の不正不義に対して怒りを感じ」「之等初年兵に同情する様になりました」。

「佐本（仮名）は私の忘れることの出来ない兵であります」。「私生児で母親とは幼少の頃死別し、又父親は極道者で自分は幼少の時より他家へ奉公にやられ、他人の辛い手塩で育って来たこと等を語りました。私は冷酷な社会に於て虐げられたこの兵が可哀相で」「俺が今に悪い奴等を遣付けてお前等を楽にしてやるのだと云いました」。

「この様な事例に依って私は一日も早く国家改造を行わねばならぬと云う気持ちを強め、其の熱意を以て約六年間朝鮮の田舎連隊に憂悶苦悩の日を送って居りました」。

昭和七年（一九三二）陸軍経理学校に入校し東京に出てきてからは香田《こうだ》清貞《きよさだ》・栗原安秀・村中・安

藤輝三らと交友した。この年秋に西田との交友が復活、翌年初頭北一輝の下を訪れた。

「北一輝著日本改造法案大綱は昭和七年菅波三郎大尉から手に入れ之を読みまして、私の求めて居たものを発見しまして歓喜を覚えました」。「以来専ら同法案大綱其他に没頭しました」。

こうして元老・重臣らが「私利私欲を肆《ほしいまま》にし国政を紊《みだ》」るのを「直接行動に依る剣を以て立ち、之等国体破壊の不義を討取らねばならぬと考えました。夫れは昭和八年頃からの事であります」ということになったのである（『二・二六事件裁判記録』六五―七〇頁）。磯部の好んだ北の言葉は「権威なき個人の礎石をもって築かれた社会は奴隷の集合」（『二・二六事件・獄中手記』三一九―二〇頁）というものであった。

村中孝次

村中孝次《むらなかたかじ》元大尉は明治三十六年（一九〇三）生まれ。北海道札幌市出身。大正五年（一九一六）、札幌第一中学三年修了後、仙台陸軍地方幼年学校入学。大正十年（一九二一）卒業し、陸士予科に入学。大正十二年（一九二三）卒業し士官候補生として北海道歩兵第二六連隊入隊。本科入学後、大正十四年（一九二五）卒業し二六連隊付で少尉に任官。昭和元年（一九二六）九月陸軍戸山学校に入校し、昭和二年（一九二七）七月まで在校。昭和三年（一九二八）天津派遣。昭和四年（一九二九）陸士予科生徒隊付となった後、昭和七年（一九三二）六月、二六連隊に転任。同年暮れ陸大に入学したが昭和十年（一九三五）八月免官となった。

村中は音楽や文学を好んだ。大正十四年（一九二五）一月十八日日曜の日記には「砲兵中尉位で一生涯馬に乗っていたい気がする。カルソーの声は今日は特別によく響いた。空気清澄のせいだろう」とある。カルソーやエルマンによるシューベルトやショパンを愛していた。厨川白村《くりやがわはくそん》の『近代文学十講』を読み、ドイツ語もよくできた。陸軍きっての文人として知られた渡辺錠太郎《わたなべじょうたろう》中将が第七師団長の時、二六連隊の村中にドイツ戦史の翻訳を命じ、できばえの見事さに感心して「村中孝次君の為に」という色紙を送ったという（高橋正衛・一九六九、一〇四―五、一一一頁）。

> 私が国家改造問題に関心を持つに至ったのは大正十四年五、六月頃陸軍士官学校本科卒業間近の頃、菅波三郎大尉から北一輝著日本改造法案大綱を見せられその以前から国家社会の問題に付て関心を有して居た矢先でありましたから此の改造法案大綱に共鳴し国家改造の必要を認むるに至ったのであります。

その後、村中は北を訪問し謦咳に接している。「連隊に帰って後初年兵教育を為すに当り兵に接してその身上を通じ国民生活の状態に触れ窮乏せる農山漁村の状態、中小商工業の状態等を知りました。そして密かに国家改造の必要を痛感して居たのであります」（『二・二六事件裁判記録』四頁）。天津で日本人の生活を見て「無理想無思想」で密輸を行うなど「誠に情けない状態にあることを知り」、日本人に対して持っていた「高い理想に」幻滅、さらに「人心の退廃を思い国家の前途を憂うることとなった。

昭和六年（一九三一）八月、菅波三郎が歩兵第三連隊に来て十月事件クーデタ計画が本格化すると村中もこれに加わり、香田清貞・安藤輝三・栗原安秀・中橋基明《なかはしもとあき》らと頻繁に連絡を持つようになった。十月事件が中止となった後は、桜会グループと訣別し、青年将校による本格的「維新運動」を始めた。この頃から北との接触も再開している。

その後、陸大に入学するが、前述の谷田勇談話のように、主目的は国家革新運動のためであった。陸大入学後は青山の梅窓院等で磯部・香田・安藤・栗原・渋川善助・中橋・大蔵栄一らと会合を持ち運動を広めていった。こうした運動が永田軍務局長から弾圧され、さらに士官学校事件、免官にまで至ることは既述の通りである（『二・二六事件裁判記録』一―一五頁）。

栗原安秀

栗原安秀《くりはらやすひで》中尉は明治四十一年（一九〇八）生まれ。父勇は佐賀県出身の後備役陸軍歩兵大佐であった。大正十四年（一九二五）東京名教中学四年修了後、陸士予科入学。昭和四年（一九二九）、本科卒業。歩兵第一連隊に少尉として任官し、昭和七年（一九三二）、上海事変に出兵。戦車隊などを経て昭和十年（一九三五）から歩兵第一連隊に勤務した。

国家改造運動に関心を持ったのは少尉として任官時に兵の教育に当たるようになってからで、歩兵第三連隊の菅波三郎のもとに通い指導を受けた。

昭和六年（一九三一）の十月事件では、歩兵一個中隊を宮城前に出すようといわれていたが、発覚中止となった。同事件で、佐官級将校が天皇の大権発動を強要するかのような態度をとったことに反発を感じ、費用にも不純なものを感じた。

この時に、大岸頼好・末松太平・村中孝次・磯部浅一らと知り合う。またこの頃、北・西田を訪問、「尊敬すべき人々と思」ったという。北の『改造法案』を読み「我国の国家革新の信念の指針を与えたるものと深く感銘し」た。

五・一五事件の際には、安藤輝三らとともに陸相官邸に陸相を訪問、戒厳令を布き軍政府を樹立し国家改造をなすべきことを具申した。また、昭和八年（一九三三）の水上源一《みずかみげんいち》ら民間による救国埼玉挺身隊事件において鈴木《すずき》喜《き》三郎《さぶろう》政友会総裁暗殺計画に関与したと捜査当局に見られ捜査が進められていた（『二・二六事件裁判記録』一五七―六〇頁）。こうして栗原はもっとも尖鋭な国家革新派青年将校と見られていったのである。

彼の主張は、「今の議会は支配階級の民衆搾取のための手段と化している」ので「我々は力を以てこれ（支配階級）を倒さなければならない。（中略）起爆薬としての少数派による変革の先取りこそ、新しい歴史を創造する」ものであり、「新しい未来は闘争を通じてしか生まれない」（池田俊彦、二五頁）というものであった。

14── 栗原安秀

「やるやる」というばかりで実行しないので「やるやる中尉」などと陰口を言われることもあり、さらに相沢三郎中佐の「捨身的行動」、村中・磯部の動き、目前の満州派遣で「どうしても一つの血路を切り開かなければならない絶対絶命の心境にあった」「今やらなければ永久に出来ないと考えていた」（池田俊彦、二七頁）というのが、事件前近くにいて毎日栗原を見ていた池田少尉の観察であった。

15 ── 安藤輝三

安藤輝三

安藤《あんどう》輝三《てるぞう》大尉は明治三十八年（一九〇五）、岐阜県生まれ。父は中学教師であった。大正七年（一九一八）仙台陸軍地方幼年学校入学、陸士を経て昭和元年（一九二六）歩兵少尉として歩兵第三連隊に入隊。

士官候補生の時に教官の秩父宮から人柄を見込まれた。戸山学校・歩兵学校等を経て昭和十年（一九三五）歩兵第三連隊中隊長就任。この中隊は秩父宮が中隊長を務めていた中隊であった。

安藤も国家革新運動に関心を持った契機は初年兵教育からで、兵の徴募区が本所・深川で「兵の身上を通じて農山漁村、中小商工業の疲弊窮乏の状態を知り」「世相の頽廃人心の軽佻等に憤慨し国家の前途を憂え」た。こうして「軍人としては考えては不可と云われる政治問題まで考えを致さねばならぬ様になりました」という。

不景気の中、除隊した兵が就職口を捜してくれといってくるのでそれらに補助を与えても「焼石に水」で、「私自身が破産する様になりました」という有様であった。

昭和六年（一九三一）八月、菅波三郎が歩兵第三連隊に現われてからはいっそう急進化し、十月事件クーデター計画に加担している。北・西田に会い『改造法案』も読み、青山梅窓院の会合にも出席している。昭和七年（一九三二）十一月に菅波が満州の独立守備隊に去ってからは歩兵第三連隊の国家革新派青年将校の中心的存在となり、その人格から「安藤が起てば歩三が起つ」と言われるほどの存在となっていた。

十月事件、五・一五事件時は直接行動のみを考えていたが、二・二六事件直前の頃は「抜かざる剣の威力」（〝抜くこともありうる抜かざる剣の威力〟）ということを考えていたので、「蹶起」には最後まで逡巡することになる（『二・二六事件裁判記録』一八三―四、三〇〇―一頁）。

青年将校の置かれた問題状況

二・二六事件の首謀者の青年将校達は、大尉中尉クラスは明治三十六年（一九〇三）から明治四十四年（一九一一）までに生まれており、少尉は明治四十三年（一九一〇）から大正三年（一九一四）の間に生まれている。日露戦争前後から大正初期に生まれ、一〇代後半の青春期を大正後期から昭和初期にかけて迎えた人達である。

前述の橋川文三の言い方を応用するならば、問題は大正後期・昭和初期の軍縮時代に若い軍人達が置かれていた自我の問題状況にあったと言えよう（軍縮は軍制改革という名で昭和六年〈一九三一〉の満州事変直前まで続いていた）。自らの存在を根源から脅かすものの中に生きることによって昂進化された危機意識が、昭和恐慌期の悲惨な下層階級に遭遇したことにより限界を突破したのが青年将校の昭和維新運動であり、二・二六事件だったのである。ほとんどの青年将校が軍縮期に軍人としての生き方に懐疑心を抱きはじめており、社会問題に関心を持ったのが初年兵教育においてであることはそのことの最大の証左といえよう。

なお、青年将校の出身地域の偏りは比較的少ないが、本籍地で見る限り九州出身者が多い。直接行動を行ったことで無期禁錮以上の刑に服した青年将校（事件当時非軍人も含む）二〇人中に、九州出身者が七人いるのである。これは五・一五事件の被告達についても言われたことであった。これは一般に九州に軍人志望者が多いことと関連していよう。

なお、東北地方出身者が多いという誤解がままあるが、実際には、東北地方出身者は青森県出身の対馬《つしま》勝雄《かつお》と福島県出身の渋川善助の二名のみである。

2　直接的動因とクーデター謀議の開始

相沢事件と第一師団の満州派遣

二・二六事件の直接的動因というべきものは二つあるといってよいであろう。

一つは相沢中佐事件である。昭和十年（一九三五）八月十二日、皇道派の相沢三郎中佐は陸軍省軍務局長室で永田鉄山軍務局長を斬殺したが、この事件は、〝相沢中佐は君国のために身命を賭して直接行動に出たのに自分達は何もしていない〟という形での贖罪感のようなものを青年将校に植え付けたのである。

西田税から「安藤君の如き感じの人」「重厚な人」と言われている（「西田税手記」）香田清貞大尉のような人ですら、相沢事件の直後には「私は自分が臆病であったことを自覚し夫れから非常に恥しく思いました」「何日でも蹶起出来る様に準備して居りました」（『二・二六事件裁判記録』一二二頁）と語っている。〝相沢中佐に続け！〟という声は大きな響きとして彼らの内部で鳴り渡っていたと見て間違いない。

もう一つは第一師団の満州派遣発表（昭和十年〈一九三五〉十二月）である。これは噂としては九、十月頃から流れていたようであるが、十二月に入ると多くの皇道派青年将校が在職していた第一師団の満州派遣が正式に発表された。「国内を此だらしない状態に放任した儘《まま》満州に行って賊の弾丸に中《あた》って死ぬ位なら内地で国家革新運動をやった方が遙かに有意義だ」（「栗原安秀（山口一太郎）被告人訊問調書」）「渡満前に主として在京同志に依って急に事を挙げなければならぬと考え、其時、決心したのであります」（「二・二六事件村中孝次公判調書」）と事件の中核となる二人が言っており、他の中心的メンバーもほぼ同じ理由でこの時期に直接行動を決意したと見てよいのである（北博昭、四〇頁、『二・二六事件・判決』一四頁）。

第一師団の満州派遣決定からくる〝満州に行って死ぬ位なら〟という発想は事件の直接的契機としては最重要なことであるといえるかもしれない。

16―河野寿

集結するクーデターの同志たち

首謀者三人（磯部浅一・村中孝次・栗原安秀）のうち、救国埼玉青年挺身隊事件（昭和八年〈一九三三〉）というテロ未遂事件に関わっていたため、その捜査が身辺に迫り追いつめられていた歩兵第一連隊（以下「歩一」）の栗原中尉の決意は、まず磯部に伝えられた。

以後、磯部は昭和十年（一九三五）の暮から翌年一月末にかけて真崎甚三郎軍事参議官・古荘幹郎《ふるしょうもとお》陸軍次官・山下奉文《やましたともゆき》陸軍省軍事調査部長・川島義之《かわしまよしゆき》陸相・村上啓作《むらかみけいさく》陸軍省軍事課長ら陸軍の上層部を訪ねて回り、彼らの意向を打診し〝好感触〟を得たと感じた。元々磯部は一人でテロを実行しようと考えていたのだが、前述の二つの理由からクーデターの気運が高まりだしたことを感じ、そちらに向けて動き出したのである。村中の「決意」もほぼ同じ頃（一月）に磯部に伝えられている（「村中孝次公判調書」）。

折から相沢中佐の公判が一月二十八日から第一師団軍法会議で始まった。西田税や村中らはこの公判闘争に力を注ぎ、麻生区龍土町のレストラン龍土軒で公判の報告会を開き集まった青年将校に相沢の正しさを訴えたが、この過程でクーデターの方向に傾斜した青年将校も少なくなかった。

そして、昭和十一年（一九三六）二月十日歩兵第三連隊（以下「歩三」）の将校集会所に村中・磯部・栗原に歩三の安藤輝三大尉、所沢陸軍飛行学校の河野寿大尉、近衛歩兵第三連隊（以下「近歩三」）の中橋基明中尉が加わりクーデターに向けた初会合が開催された。しかしこの日は具体的なことは何も決まらず、二月十八日に栗原宅で開かれた磯部・村中・栗原・安藤四人の会合で、初めて襲撃目標・方法・時期（来週中）が決められた。

歩一・歩三・近歩三の兵力を使って在京の重臣・政府首脳を襲撃するとともに、河野大尉の指揮する一隊で湯河原の牧野《まきの》伸顕《のぶあき》前内大臣を、豊橋教導学校の対馬勝雄中尉らにより興津の元老西園寺《さいおんじ》公望《きんもち》を、それぞれ襲撃するというものである。

ただし安藤は、建設計画がなく成算の見込みがないことから時期尚早と考え、この時は加担を明言しなかった。建設計画がない理由は、「君側の奸臣を（中略）除いて而して後如何なる建設を為すべきかという点は（中略）大権私議に亘り（中略）我々同志としては猥りに口にすべきものではないとの気分横溢し（中略）其の点に関する工作も無視したる為」と安藤は語っている（「安藤輝三第一回予審調書」）。

17――野中四郎

また、安藤は中隊長になる時連隊長に、直接行動はしないという誓約書を書かされており、加担しにくかったという事情もあった。しかし、安藤が翌日この計画を同じ歩三の野《の》中《なか》四《し》郎《ろう》大尉に話したところ「何故之に同意しなかったか」と叱られた上、「蹶起の時期は延ばしても行動を共にしたい」という村中の説得もあり二十二日朝には参加を決意し磯部に伝達することになる（「村中孝次公判調書」北博昭、五三頁）。

一方、この前後に歩一の山口一太郎《やまぐちいちたろう》大尉（本庄繁《ほんじょうしげる》侍従武官長の女婿）、西田税にも「蹶起」は伝えられ、西田は二十一日朝、北一輝にこれを伝えた。

二十二日午後、磯部・村中は野中を訪ね蹶起を要請、野中は快諾し決意文を村中に渡した。村中は二十四日に北の家でこれに手を加え、「蹶起趣意書」を完成させる。

二月二十二日夜、栗原宅に磯部・村中・河野・栗原が集まり行動計画の大部分と二十六日を実行日とすることを決定した。

クーデター行動計画

具体的な行動計画は以下のようなものであった。

一、栗原安秀中尉は首相官邸を襲撃し岡田啓介《おかだけいすけ》首相を殺害する。

二、中橋基明中尉は高橋是清蔵相を殺害し、「為し得れば」宮城坂下門で奸臣の参内を阻止する。

三、坂井直《さかいなおし》中尉は斎藤実《さいとうまこと》内大臣を殺害する。

四、安藤輝三大尉は鈴木貫太郎《すずきかんたろう》侍従長を殺害する。

五、河野寿大尉は湯河原で牧野伸顕前内大臣を殺害する。

六、野中四郎大尉は警視庁を占領し警察権の発動を阻止する。

七、丹生《にう》誠忠《まさただ》中尉は陸軍省・参謀本部・陸軍大臣官邸を占拠し、村中孝次・磯部浅一・香田清貞らは陸相に事態収拾への善処を要望する。

八、田中勝《たなかまさる》中尉は野戦重砲第七連隊の自動車数両で輸送業務を行う。

実行日については、歩一の山口一太郎大尉と歩三の安藤大尉がともに連隊の実権を握ることができる（軍隊を出しやすい）週番司令の日が二十二日から二十九日までであり、二十七日から山口が野営演習に出ることになっていたので準備期間を考えると二十六日しかないということになったのである。だから二十六日という日取り設定は歩一・歩三の週番指令の担当日から決まったのであり、それ以外の理由からではない。

さらに、二月二十三日夜、歩三の安藤の週番司令室に磯部・村中・野中・香田・安藤が集まり謀議し、新たに教育総監渡辺錠太郎大将の襲撃を追加決定した。

二十四日、近歩三の中橋は、二十六日に宮城守護の守衛控将校になることを知り、「為し得れば」であった坂下門の確保による奸臣の参内阻止が確定された。

18──香田清貞

二月二十四日夜、最後の準備会合が歩一の山口週番司令室で開催された。磯部・村中・栗原・野中・香田が集合。蹶起後の陸軍上層部との折衝工作を磯部・村中・香田らが担当すること等が確定され、占拠予定地点の地図も配布された。

結局謀議会合は五回開かれたわけである。ただし、磯部はこのうち、「行動記」で二月十日会合を重視しているのだが、裁判の「判決書」は重視せず、謀議会合は四回となっている。全てに参加したのは磯部・村中の二人で、四回参加したのが栗原であった。磯部・村中・栗原・安藤・香田・河野・野中の七人が事件計画の最中心メンバーなのであり、他の参加者には二十二日から二十六日朝までに様々に伝えられている。総参加者一四八三名のうち、下士官、兵の大部分は命令によって参加していく。参加者の七割に当たる約一〇〇〇名は入営後一ヵ月余の初年兵であった。

蹶起趣意書

蹶起趣意書は以下のようなものである。

謹んで惟《おもんみ》るに我が神洲たる所以は、万世一神たる天皇陛下御統帥の下に挙国一体生々化育を遂げ、終に八紘一宇を完うするの国体に存す、此の国体の尊厳秀絶は、天祖肇《ちょうこく》国神武建国より明治維新を経て、益々体制を整え、今や方に万方に向って開顕進展を遂ぐべきの秋《とき》なり、然るに頃来、遂に不逞凶悪の徒簇出《そうしゅつ》して私心我欲を恣《ほしいまま》にし、至尊絶対の尊厳を藐視《びょうし》し僭上之れ働き、万民の生々化育を阻碍《そがい》して塗炭の疾苦に呻吟せしめ、随て外侮外患日を逐って激化す、所謂元老、重臣、軍閥、財閥、官僚、政党等は、この国体破壊の元兇なり、倫敦《ろんどん》軍条約並に教育総監更迭に於ける統帥権干犯、至尊兵馬大権の僭窃《せんせつ》を図りたる三月事件、或は学匪、共匪、大逆教団等と利害相結んで陰謀至らざるなき等は、最も著しき事例にして、其の滔天の罪悪は泣血憤怒、真に譬え難き所なり、中岡、佐郷屋、血盟団の先駆捨身、五・一五事件の憤騰、相沢中佐の閃発となる寔《まこと》に故なきに非ず、而も幾度か頸血を濺《そそ》ぎ来って、今尚些かも懺悔反省なく、然も依然として私権自恣に居って苟且偸安《こうしょとうあん》を事とせり、露支英米との間一触即発して、祖宗遺垂の此の神洲を一擲《いってき》破滅に堕らしむるは、火を睹《み》るより明かなり、内外真に重大危急、今にして国体破壊の不義不臣を誅戮《ちゅうりく》して稜威《みいつ》を遮り、御維新を阻止し来れる奸賊を芟除《さんじょ》するに非ずんば、皇謨《こうぼ》を一空せん、宛《あた》かも第一師団出動の大命渙発せられ、年来御維新翼賛を誓い、殉国捨身の奉公を期し来りし、帝都衛戍の我等同志は、将に万里征途に上らんとして、而も顧みて内の亡状に憂心転《うた》た禁ずる能わず、

君側の奸臣、軍賊を斬除して、彼の中枢を粉砕するは、我等の任として能く為すべし、臣子たり股肱《ここう》たるの絶対道を今にして尽さずんば、破滅沈淪を翻《ひるがえ》すに由なし、茲に同憂同志機を一にして蹶起し、奸賊を誅滅して大義を正し、国体の擁護開顕に肝脳を竭《つ》くし、以て神洲赤子の微衷を献ぜんとす、皇祖皇宗の神霊、冀《ねが》わくば照覧冥助を垂れ給わんことを、

昭和十一年二月二十六日陸軍歩兵大尉野中四郎外同志一同（『二・二六事件・判決』四一―二頁、明白な誤字は正した）

彼らの危機意識がよく読み取れる文章だが、これは野中が書いたものに村中が手を入れたものである。「同志代表」は村中となるべきところ、現役軍人ではないので野中となったのだった。文中に、最初は「我等絶対臣道を行く遺族をして餓に泣かしむ勿れ」という箇所があったが最終段階で削除されたという（山本又、一〇八、一一〇頁）。

「至尊兵馬大権の僭窃を図りたる三月事件」として、同じように軍事クーデターを企図した三月事件に対してはその「政権簒奪」的傾向を批判し差異化を図ったのであるが、自分らが加担した経緯のある十月事件には触れなかったのである。彼らにとって十月事件は攻撃したいのだが、加担した部分もあり微妙な位置づけの事件となっていたといえよう。

なお、池田俊彦少尉によると、事件後裁判が始まる前に、裁判対策の打ち合わせをしたが、農民の救済、農地解放、財閥解体などを前に出すと左翼革命のように受け止められるので「統帥権干犯の賊を討った」ということを眼目とすることにした。「蹶起の趣意書もこの配慮を以て書かれている」という（池田俊彦、一〇八頁）。

3　クーデター計画の構築

天皇主義の青年将校

次にクーデター計画はどのようなものであったのかを具体的に見ていくことにしよう。そのためにはこの事件の主体となった青年将校たちを二派に分けて見ていく必要がある。「二・二六事件の青年将校」と言っても、彼らは「改造主義」と「天皇主義」とに分けられるのである。この区別のない間は、青年将校たちは軍隊出動、要地占拠を行い「政治変革」を企図していたようでありながら、他方で「斬奸による大義の宣明」のみが「蹶起の趣旨」

19──高橋太郎

であったとしており、研究者は困惑していたのであった（丸山眞男、六一―二、五〇〇頁）。

天皇主義とは、「斬奸」によって天皇周辺の「妖雲」を払えば本来の「国体」が現われて自然に日本の国は良くなると考えていた人達のことを言う。彼らは事件の目的を「斬奸」行動のみに限定して捉えていた。竹島継夫《たけしまつぎお》中尉（豊橋教導学校）・高橋太郎《たかはしたろう》少尉（歩三）・安田優《やすだゆたか》少尉（野戦重砲兵第七連隊）らを指す。この人達を、天皇中心の国体を素朴に信じていた人たちという意味で、「天皇主義」と名付けるのである。

天皇主義の典型的な例として高橋太郎少尉を見ておこう。彼の場合、「君国を思うのは以外総てを超脱した境涯、此に百世、人をして立たしむる源があるのだ。こうしたならば人がほめてくれるだらうと思う心には、既に人が認めてくれなければ善と雖もなさぬという心を裏書している。総てを誠心に問え、他人を対象とする勿れ」という基本的な人間観があり、「大日本は神国なり」「一君万民の皇国体は厳として万世不易、絶対の大義たらざるべからず、是れ日本の日本たる所以」という日本観・歴史観によってそれが担保されている。

そして、農村の窮乏をはじめとする国民生活の疲弊と支配階級の横暴により、「今や大義地に陥ちんとするも、神霊昭鑑、上に在《いま》す。（中略）大義再び興り、皇国体の真姿厳として輝く時来らん」。そのために「皇国を蔽《おお》える雲（元老・重臣・財閥・軍閥等）とさしちがえて死することこそ所期の本懐」なのである。

したがって、「蹶起の目的」は「斬奸」によって充分達成せられたことになり、「暗黒裁判」といわれた軍法会議の判決に対しても、「名断なり、我等が赤忠を認めその罪をたたく、余すなし、喜びて死す」ということになる。辞世は「み光を蔽える雲をうち払い真如にすめる今ぞのどけし」であり、処刑時の「精神状態」も「厳正にして最も落付き居れり」とある（『二・二六事件・獄中手記』一六二、一六六、一六九頁、『二・二六事件秘録別巻』一〇八頁）。

したがって、「上部工作」の類を考えた形跡はあまり見られず、（彼の発想とは対極的な類型に属する）磯部が「青年将校蹶起の動因」として代弁説明した「大義を明らかにすれば、国体の光は自然に明徴になり、国体が明徴になることは直ちに国の政、経、文教全てが改まるのである。これが維新である」（『二・二六事件・獄中手記』三二九頁）という発想が、典型的にあてはまるものといえよう。安藤隊で兵隊教育のために行った「紙芝居」の筋、「宮城に黒雲が立ちこめて、この妖雲、黒雲が、青年将校、兵の刀で斬り散らされ、太陽輝く大内山（宮城＝天皇）の風景が出る」（高橋正衛・一九九四、一六五頁）というのもこれと同じ発想である。そして、二・二六事件の青年将校といえば、このタイプのものとして取り扱われることが多かったのである。このようなタイプを「承詔必謹」的な、「尊皇絶対」的な天皇観を持していたという意味で、「天皇主義」と名付けることにするわけである。

ここで、以下の考察に必要な限りこの類型の特質を見ておけば、このタイプは北一輝の『日本改造法案大綱』にはなじんでいない。安田優は、事件後法廷で、村中・磯部・栗原の名を挙げて、彼らは暗に『改造法案』の影響下にあったことを認めつつ、自分が『改造法案』に則り事件を起したとされたことを、「私はかかる不逞の精神はありません」と言っている（「安田優最終陳述」）。

また、テロ活動後の、後継首班・後継内閣を口にすることは、臣下のすべきことではない、それは（天皇の）「大権私議」であるとされる。具体的建設プログラムを提示することも、（上と同じ理由で）忌避される。「斬奸」後の計画のないことが「私心」のないことの証とされている。「我等同志将校は内閣樹立、首班何人等、国政には寸毫《すんごう》介入せず」（山本又、一二五頁）なのである。既述のように、三月事件・十月事件といった佐官級のクーデター計画の際、あらかじめ閣僚名簿まで出来ており、彼らが「維新」の名の下に私的な政権欲を満たそうとしていたとして、青年将校たちが反発を感じて離反してきているという事情から、こうならざるをえないともいえよう。

そして、総じて軍の成員意識が強く、民間の活動家で北一輝の片腕といわれた「西田税の如きは全く成功の暁には斬らねばならないものと決心して居り」（『二・二六事件秘録一』一七三頁）ましたとされている。

改造主義の青年将校

次に改造主義について見ていこう。

改造主義は、北一輝の『日本改造法案大綱』を熟読し、それに書いてある通りに日本を変えていこうとしていた人々のことを言う。中核の磯部浅一・村中孝次・栗原安秀三人がそれである。香田清貞・安藤輝三・対馬勝雄・中橋基明もこれに近い。彼らを『改造法案』の実現を目指した者達が奉じた主義という意味で、「改造主義」と名付けるのである。彼らは目的の実現のため「上部工作」を通しての「政治的変革」を目指すことになる（ただし、内面に葛藤のあった点については後述参照）。

栗原「今回の決断も此の日本改造法案大綱に依るものでありまして大体論としては大権の発動により憲法を停止し戒厳令に導いて「クーデター」を行い国家改造を行わんとする如きの信念を実行したことになるのであります」（『二・二六事件裁判記録』一五九頁）。

中橋「国家改造に付ては日本改造法案大綱に依ればよいと思って居ります」（『二・二六事件裁判記録』二七〇―一頁）。

磯部「日本は天皇の独裁国であってはなりません。重臣元老貴族の独裁国であるも断じて許せません。明治以降の日本は、天皇を政治的中心とした一君と万民との一体的立憲国であります。（中略）然るに今の日本は何と云うざまでありましょうか、天皇を政治的中心とせる元老、重臣、貴族、軍閥、政党、財閥の独裁国ではありませんか、いやいや、よくよく観察すると、この特権階級の独裁政治は、天皇をさえないがしろにしているのでありますぞ、天皇を（中略）ロボットにし奉って彼等が自恣専断を思うままに続けておりますぞ」したがって、「日本的革命の哲学は皇権の奪取奉還である。即（中略）政治大権が政ト（党）財バツ（閥）によって侵されたるを自覚国民、自主（民主）国民が奪取奉還することを維新と云うのだ」。ということになる。彼には「み光を蔽える雲をうち払」うだけでは充分でないのである。天皇を「国民」の下に「奪取奉還」しなければならないのである。そして、

「余の所信とは日本改造方（法—以下同じ）案大綱を一点一画も修正する事なく完全に之を実現することだ」、「同志諸君（中略）堂々と方案の一字一句を主張せよ、一点一画の譲歩もするな、而して、特に日本が明治以後近代的民主国なることを主張して、一切の敵類を滅亡させよ」。

とあるように、『改造法案』が建設の具体的プログラムとして措定されていた。

さらに、天皇についても、「天皇陛下、何と云う御失政でありますか。何と云うザマです」「日本国民の九割は貧苦にしなびて、おこる元気もないのでありますぞ」、「此の如《かく》き不明を御重ね遊ばすと、神々の御いかりにふれますぞ、如何に陛下でも、神の道（『改造法案』のこと）を御ふみちがえ遊ばすと、御皇運の涯てる事も御座ります」、「余は方案のためには、天子呼び来れども舟より下らずだ」として、『改造法案』を現天皇よりも優位においていることからしても、磯部に代表されるグループの類型を「改造主義」と名付けるわけである。

20—中橋基明

このタイプにしてみれば所期の目的＝『改造法案』の現実化は達成せられていないわけだから、裁判が「昭和の安政大獄」であることを憤り、処刑の方針に対しても「何にヲッ！　殺されてたまるものか、千万発射つとも死せじ、断じて死せじ、死ぬことは負ける事だ、成仏することは譲歩することだ、死ぬものか、成仏するものか、悪鬼となって所信を貫徹するのだ」ということになる（以上、『二・二六事件・獄中手記』二七七、二八〇、二八七、二八八、二九七、三〇〇、三八六頁）。

さて、蹶起した青年将校たちは大ていこの二つの類型のどちらかに含まれる（もしくはその中間に位置する）ことになるわけであるが、「改造」型の内面においても「天皇」主義的な発想が払拭されているわけではなく、一人の青年将校の内面にも両者が混在している場合のあることに留意しておかなければならない。また、深層では「改造」型の人間も表層では「天皇」主義的な言動をするという点を見失うと、事態の核心からそれることにもなる（憲兵による訊問調書などではこの点が顕著である）。

両派を分かつ最適のメルクマールとしては、事件勃発後、反乱軍の占拠地点からの撤退を指示して下された天皇の命令＝「奉勅命令」に対する対処の仕方があげられる。

安田優少尉のような「天皇」主義に近い立場からすれば、奉勅命令は「勿論絶対服従であります。之れが「尊王」なのです。他の者も亦「尊王討奸」が一大眼目であるから同様にせねばならぬのでありますが、恐惶なるも、上司が往々尊聖を冒瀆し奉ることがあるので、之に類するものと考えた結果ではなかろうかと考えます。然し此場合でも絶対服従が至当であると思います」（『二・二六事件秘録二』一七三頁）ということになるが、「改造」型の磯部からすれば、「インチキ奉勅命令にハイハイと云うて、とうとうへこたれる様ないくぢなしでは駄目だ」、「この時代、この国家に於て吾人の如き者のみは（中略）奉勅命令に抗す可きであることを断じて云う」（『二・二六事件・獄中手記』二九五―六頁）ということになる。

こうして青年将校たちを分類していくと、以下のようになる。

A「改造」主義―（中核）磯部・栗原・（村中）

（同調者）香田・安藤・対馬・中橋

（Bとの中間）丹生・坂井・田中・中島

B「天皇」主義―高橋・竹島・安田・林

（野中・河野は自決したため資料不足で判定が難しいが、Bに近いように思われる。村中がカッコに入れてあるのは後述のようにすこぶる微妙な存在だからである。また純粋の民間人は除いた）

以下で問題とするのは、いうまでもなくAの類型に入る人々である。彼らはBの立場をも頑固しつつ、クーデターを成功させねばならないという、極めて困難な思想的・戦術的課題を背負わされたのであった。波らはこの隘路をいかにして突破しようとしたのかを次に見ていくことにするが、その前にこの両者に関して、事件前にあった対立について触れておきたい。

すなわち、昭和九年（一九三四）ごろから青年将校運動の内部で、あくまで北一輝の『改造法案』を運動の理論的中心とすべきだとする西田税らの流れと、天皇中心主義の色彩が濃い大岸頼好らの流れの対立が激しくなりつつあったのである。大岸は北の『改造法案』に対抗するため『皇国維新法案』という綱領的文書まで書いている。そのことが西田を激怒させ、両者の対立は深まったのである。

両派の「対立」

それが、相沢事件が起きたことにより両者に提携の兆しが現われたのだが、昭和十年（一九三五）の終わりごろになるとまた対立の様相を呈していたのである。

ただ、この事件前の対立がそのまますべて事件に参加した青年将校内部における二つの類型とストレートにつながるというわけではない。新たな参加者も多いからである。しかし、以前からあった二つの流れが、結果的にそのまま事件に参画した青年将校達に持ち越されていたということは言えよう。

もっとも、大岸は終戦直後「私は北さんの思想は淳として淳乎たる日本精神から逸脱していると思っていたが、誤りであった。生きていたら今にもお会いしたい」（明石寛二「大岸頼好氏を語る」田村重見、四五頁）と語っており、「終戦のとき、国務大臣小畑敏四郎を通じて、東久邇宮内閣に政策上の進言をしていた大岸大尉は、たえず『改造法案』を座右において参考にしていた」ということから見て、この対立は必ずしも絶対的なものではなかったようである。過大視すべきではないと言えよう（以上全体にわたり、末松太平・上、一五五―七、一七〇―二、一七六―九、一八七―九頁。また福家崇洋

「二・二六前夜における国家改造案―大岸頼好『極秘　皇国維新法案　前編』を中心に―」はこの問題についての優れた研究である）。

さて、クーデターの主導部をなす改造主義の人々にとっての難問は、天皇主義グループが「斬奸」後の建設計画・次期政権工作などを忌避していたことにあった。繰り返すが、すでに見たように「蹶起趣意書」では「至尊兵馬大権の僭窃を図りたる三月事件」を批判しており、十月事件の際の幕僚達の政権奪取的野心の「汚さ」に対する反動から、そうしたことを考えないことが私心のなさと考えられていたのである。しかし次期政権構想なくしてクーデターは成功しない。こうして改造主義派指導部は天皇主義派への配慮をしながら政権奪取クーデターを考えねばならないという難しい地点から計画を練っていったのであった。それではその具体的手順はどのようなものとなるのか。

岡田啓介内閣の倒壊

一、岡田啓介内閣の倒壊――現政権打倒・新政権樹立のためには岡田首相を暗殺せねばならなかった。原敬首相暗殺事件のように首相が暗殺されれば必ず現内閣は倒れ新内閣となるのである。言い換えると、これが為されねば政治的流動化は起きないからすべての前提として必ず実行されねばならないことなのであり、これが実行されなければ自余の政治工作はすべて無意味となる。誤解を招きかねない言い方だが、彼らにとって他の暗殺は〝政治的には不必要な暗殺〟と言えるとしても、これだけは〝政治的に絶対に必要な暗殺〟なのである。

また、現内閣の最重要閣僚の高橋是清大蔵大臣の暗殺も企図された。岡田内閣が倒れても最重要閣僚の高橋蔵相が生きていれば後を継ぐ可能性が極めて高く、それではあまり変わらない内閣となり、彼らの企図は無意味となるからである。高橋暗殺の意図については、従来から彼らの掲げた大義名分を額面通りに受けとめ、その財政政策との関連性を過大に見る傾向があるように思われる。

新首相推薦者中の反対派の排除

二、新首相推薦者中の反対派の排除——元老西園寺公望・斎藤実内大臣・鈴木貫太郎侍従長・牧野伸顕前内大臣が暗殺対象となったのはこの理由による。現政権が倒れても後継内閣が青年将校とは反対派の政権になっては無意味である。当時後継内閣の首相選定は天皇の大権事項とされていたが、実際は天皇周辺の元老・重臣・宮中要人が推薦を行っていることは知られていたからこうした反対派を推挙するに違いない通常の首相推挙者を除き、機能を麻痺させる必要があった。そのために、以上の人々へのテロが企てられたのである。

一木《いちき》喜《き》徳郎《とくろう》枢密院議長と湯《ゆ》浅倉平《あさくらへい》宮内大臣はそれほど大きな政治勢力と思われてなかったようで、磯部の考えた第二次暗殺リストに入るに留まっている（『二・二六事件秘録一』二二二頁、「磯部公判調書」北博昭、九二、一〇五—六頁）。しかしクーデターが失敗すると青年将校達は、「あそこまで行って押し切れなかったと思うと残念で堪りません。（中略）一木枢相、湯浅宮相ががんばった為と思います」（『二・二六事件裁判記録』一八〇頁）。「一木、湯浅より撃退せられた」（「栗原公判調書」北博昭、一〇六頁）と解するようになる。磯部が獄中で書いた「暴動は技術なり」で始まる〝今後のため〟と思われる文章の最初にあげられているのが「（イ）湯浅宮相を討つ為の兵力使用計画」であり、次が

「(ロ)一木枢相を討つ為の兵力使用計画」であった（「磯部浅一手記」）。

岡田首相が選出された際の選出母体である「重臣会議」のメンバーたる元首相クラスの重臣としては他に若槻礼次郎と清浦奎吾がいるが、政党人の若槻はそれほど大きな発言力は持っていないと見られたようで磯部の考えた第二次暗殺リストに入るに留まり（『二・二六事件秘録一』二二二頁）、清浦は後述のようにむしろ青年将校達、皇道派に近かったので残されたのである。

皇道派暫定政権（真崎政権）反対派の排除

三、皇道派暫定政権（真崎政権）反対派の排除——事態を収拾するためには陸軍軍人が首相となる内閣の確立ということが想定されるので、それが彼らの希望する皇道派暫定内閣（真崎内閣）になるためには、真崎甚三郎以外の陸軍内の反対派重要将官やそれに近い重要軍人を予め排除しておく必要があった。そこで以下のような手立てが考えられた。

一、軍長老の南次郎大将（関東軍司令官）・宇垣一成予備役大将（朝鮮総督）や小磯国昭《こいそくにあき》中将・建川《たてかわ》美次《よしつぐ》中将には「逮捕」を要求。この間の真崎罷免ら一連の皇道派「圧迫」は永田鉄山ら統制派と宇垣・南ら宇垣系の連合によるものと認識されていたからである。

二、軍事参議官中、最古参の林銑十郎大将（陸士八期）には「即時罷免」を要求。他は、西義一《にしよしかず》・植田《うえだ》謙吉《けんきち》両大将が陸士一〇期、寺内寿一《てらうちひさいち》大将が陸士一一期で軍事参議官に就任したばかり、真崎と同期の阿部《あべ》信行《のぶゆき》大将は政治力がないと見られており、同じく同期で同じ皇道派の荒木貞夫大将には「関東軍司令官」を要求する。こうすると陸軍最上層部で首相に相応しい人としては真崎大将しかいない状態になるのである。このあたりは、青年将校達が「大権干犯」を避けようとしながら、親補職（天皇が直接に任命する職）の関東軍司令官に荒木という特定の人物の就任を要求するのであるから苦しいところである。荒木の「関東軍司令官」推挙理由が「国内収拾力に就ては已に試験済にして遂に今日の事態に迄突進せしめられたり。吾人は国内収拾に関しては同大将に信頼せず」（『現代史資料二三』四六六頁）とされているのも〝真崎にせよ〟と言っているようなものである。

三、陸軍三長官のうち川島陸相は政治工作の中心的対象で、すでに磯部が好意的感触を得たと考えて味方になりうると判断しており、参謀総長の閑院宮は皇族なので実質的政治活動をするとは考えられず、残る教育総監の渡辺錠太郎大将に対してだけ「吾人の行動に反対して弾圧しそうな人物の筆頭だ」として暗殺が企図された（『二・二六事件・獄中手記』二四五頁）。すなわち、「天皇機関説信奉者」（「村中孝次公判調書」）というような理由が挙げられており、それも一部にあるのではあるが、「教育総監陸軍大将渡辺錠太郎が其の位置を退くことになれば、維新運動は都合好く運ぶ」（真崎の香田への一月二十八日頃の言葉。『二・二六事件・判決』四六〇頁）という風に見られていた人物だったということである。杉山元参謀次長はノーマークとなっているが、押された方向に動くタイプの人間と見られていたからのようである。

四、統制派の中心人物と目された武藤章中佐・片倉衷少佐らは「除く」こととされた（以上、「陸軍大臣要望事項」による。これは秦郁彦、一四二―三頁、『二・二六事件・判決』一八―九頁、『現代史資料二三』四六五―六頁、「証人訊問調書証人川島義之」〈これは現在『THIS IS 読売』一九九三年十二月、四三―五四頁で閲読可能〉とでは少しずつ相違があり、後二者はほぼ同一内容である。とくに、最後に山下少将を招致し報道を統制するよう要請している点で、後二者はほぼ同一である。なお、秦郁彦にある「(8)」の林大将〈及び橋本近衛師団長〉罷免の件が『二・二六事件・判決』『現代史資料二三』「証人訊問調書証人川島義之」にはない。『二・二六事件秘録一』二一一頁の磯部の供述を見ると要求されているのだが）。

こうして、反対派を一掃、軍政権になれば真崎内閣しかありえないという事態を構築しておくことが期されたのである。そしてその後に、皇道派暫定政権の成立を天皇に訴える人物が次々に参内するよう設定しておかなければならなかった。

四、皇道派暫定政権成立を天皇に進言する人物の参内促進――それでは皇道派暫定政権成立を天皇に進言する人物の参内促進としてどのようなルート・方策が考えられていたのであろうか。

皇道派暫定政権成立を天皇に進言する人物の参内促進

一、川島義之陸相との同行参内、上奏

磯部浅一・村中孝次・香田清貞ら青年将校中の上部工作担当者は、まず川島陸相のところへ蹶起趣意書・要望事項を提出することにした。目的は川島陸相を通して蹶起の趣旨を天皇に奏上してもらうことにあった。前述のように、川島陸相は「中途半端な人間」で「グニャグニャだから引摺って行くには都合がいい」（新井勲、一三六頁）と村中らには考えられていたからである。

そして、川島陸相参内の際には香田大尉らの同行が予定されていた。川島が参内、上奏の際、天皇から青年将校たちの希望を詳しく聞かれるような事態を想定し、その場合川島を補佐することを期していたのであろう。逆にいえば青年将校たちが宮中へ入るための、最も穏便な形態として川島陸相と連れだっての参内が考えられたわけである。そのために近歩三の中橋基明による坂下門確保も企図されたと見られる（詳しくは後述）。

この点、坂井直少尉は次のように言っている。「襲撃後は（中略）軍首脳部に我々の企図する御維新に向って進む様に説き我々の要望を容れて頂き陸軍大臣より上奏して戒厳令を布き真崎大将を首班とする内閣を組織し純正公明なる政治を行う事が結局の目的でありました」（「坂井直被告人第二回訊問調書」）。

二、政治浪人亀川哲也《かめかわてつや》による真崎大将への蹶起の通報及び真崎大将自身の手になる政治工作

真崎と青年将校との間にはあらかじめ何も打ち合わせがされてないのであるから、真崎がどのような動きを示すかは青年将校たちには予知できなかった。しかし、真崎が青年将校たちになみなみならぬ好意をもっていることは誰の目にもはっきりしていたわけだから、参内してなんらかの形で天皇に

青年将校たちの要望を奏上してくれるだろうぐらいのことは期待していても不思議ではない。

二十六日朝、陸相官邸で川島陸相や青年将校達と会った後に陸相官邸を去ろうとする真崎へ、山口一太郎大尉が「閣下、御参内《ごさんだい》ですか」と問うていることがこのことを裏づける。真崎はこの問いに対し、「いや、自分は別の方を骨折って見様《みよう》と思って居るのだ」（『二・二六事件・判決』四六二頁）と答えている。「別の方」とは、皇道派シンパの伏見宮海軍軍令部総長のことで、真崎は伏見宮とともに参内することになるが、危機状況下の天皇のところへ出かけるに際して宮様との同行を考えたのは巧といえよう。青年将校たちがこのあたりまで予測していたかどうかは定かでないが、とにかく真崎の政治工作に大きな期待がかけられていたことは間違いない（なお、青年将校達が期待していたわけではないが、真崎は平沼騏一郎《ひらぬまきいちろう》枢密院副議長とも親しい関係にあった）。

三、山口一太郎大尉から岳父本庄繁侍従武官長を通じる工作

皇道派の本庄繁大将が侍従武官長のポストにいたことはきわめて有力な武器と考えられた。前記の暗殺計画が順調に進めば、宮中の大物のうち残っているのは湯浅宮相と本庄侍従武官長だけとなる。本庄の発言は重みを増すであろう。あくまで推測に留まるが、本庄の口から天皇へ「維新大詔の渙発、真崎への大命降下、青年将校特赦」進言でも出れば天皇も、そうした行動をとるであろうというぐらいのことは期待されていたものと見られる。

四、西園寺工作

二とは矛盾するが、一方では政治浪人亀川哲也が鵜沢総明《うざわふさあき》（相沢事件の弁護団長で西園寺と旧知の間柄であった）のもとに走り、鵜沢から西園寺に対し真崎への大命降下を働きかけるという計画が練られた（『二・二六事件・判決』四〇二―四頁、『二・二六事件秘録一』二九九―三四四頁、『二・二六事件秘録二』一五三―一七三頁）。鵜沢自身は否定している（『二・二六事件秘録二』一七一頁）が、鵜沢は新内閣の司法大臣をねらっていたと見られている（松本清張、二四三頁）。すでに新内閣の閣僚ポスト目当ての人物も現われていたと見られているのである。それが上部工作に利用されたというわけである。

五、清浦奎吾工作

磯部→森伝（清浦奎吾の秘書）というルートを通じて、元首相の清浦奎吾が参内して真崎を新首相に推すという工作も考えられた（『二・二六事件・獄中日記』二四四、二六五頁）。清浦は当時の重臣の中では例外的に真崎ら皇道派に近く、その秘書森伝は『真崎甚三郎日記』をみるとわかるように繁く真崎のもとに出入りしている。これはかなり脈のあるルートと考えられた。

六、海軍工作

海軍工作のルートは二つあった。以下の二ルートである。

a、北一輝・西田税→加藤寛治《かとうひろはる》海軍大将・小笠原長生《おがさわらながなり》海軍中将→伏見宮海軍軍令部総長（『二・二六事件・判決』三九四、三九七―九頁、『二・二六事件秘録一』二七八、三六〇頁、『二・二六事件秘録二』一七五―六、一七九頁）

b、亀川哲也→山本英輔《やまもとえいすけ》海軍大将（『二・二六事件・判決』三九四、四〇四―五頁、『二・二六事件秘録一』三一四、三一八、三二〇、三二三、三三〇頁）

aでは真崎首相の実現がねらいだったが、bでは山本自身の組閣というプランになっており、この点やや不一致がみられる。しかし、山本は当時、真崎と非常に親しい関係にあったので（真崎は自身の日記昭和十一年〈一九三六〉一月十四日条に、来たるべき内閣首班として「山本を最も可とする」と記している）、この不一致はそれほど重大視されなかったのであろう。山本のエネルギーを引き出すにはそのほうが都合がよいとみられたのかもしれない。

以上、六つのルートを通じて、皇道派暫定政権の成立（さらにできれば、維新大詔渙発・青年将校の大赦）が天皇に献言される予定であった。

支援者たちによる支援活動

以上のほかに陸軍内には最盛期に比すれば弱体化していたとはいえ各所に皇道派の将校がいた。事件開始時における軍内皇道派の上級将校のリストを表に掲げておこう（このほか、磯部が決行前に書いた「私共の気持が判って下さる、方々」のリスト中の人物で表に挙がっていない人物としては、川島義之陸相、古荘幹郎次官、今井清軍務局長、西村琢磨兵務課長、岡村寧次参謀本部第二部長、石原莞爾同作戦課長らがいる〈『二・二六事件秘録一』二一一頁〉。言うまでもなくここには磯部の希望的観測がかなり入っている）。

荒木陸相時代のような皇道派全盛期に比すれば、その勢威は衰えているが、まだまだ軍内各所に有

表　陸軍の皇道派上級将校

人　名	階級	職　名	備　考
荒木　貞夫	大将	軍事参議官	
真崎　甚三郎	同上	同上	
本庄　繁	同上	侍従武官長	
柳川　平助	中将	台湾軍司令官	
香椎　浩平	同上	東京警備司令官	
堀　丈夫	同上	第1師団長	派閥色非濃厚
山岡　重厚	同上	第9師団長	
松浦　淳六郎	同上	第10師団長	
小畑　敏四郎	少将	陸軍大学校長	
持永　浅治	同上	朝鮮憲兵隊司令官	
山下　奉文	同上	陸軍省軍事調査部長	
小藤　恵	大佐	歩兵第3連隊長	
鈴木　率道	同上	参謀本部付	
鈴木　貞一	同上	内閣調査局調査官	多面的人物
村上　啓作	同上	陸軍省軍事課長	派閥色非濃厚
牟田口　廉也	同上	参謀本部庶務課長	
満井　佐吉	中佐	陸軍大学校教官	

力メンバーが配置されていたのである。

まず何よりも、戒厳令が敷かれれば戒厳司令官となる東京警備司令官香椎浩平《かしいこうへい》中将は有力な皇道派将官なのであった。そのほかにも在京皇道派の支援が期待された。そして、山下奉文軍事調査部長をはじめとする省部の皇道派将官による軍内工作が期待された。

歩一の山口一太郎大尉や、歩三の新井勲《あらいいさお》中尉、青森第五連隊の末松太平大尉、鹿児島第四五連隊の菅波三郎大尉、羅南第七三連隊の大蔵栄一大尉など東京から地方連隊に至る「同志青年将校」の数は、軍法会議の送致者（四月八日時点）だけで三八名あった。シンパを含めるとその数は数倍に増えよう（同時点での取調べ済みの者一九〇名）。さらに斎藤瀏《さいとうりゅう》予備少将など、予備役の将校もかなりいたことも想起されねばならない。

また、秩父宮ら皇道派に同情的な皇族の支援や民間団体の活動も期待された（もっとも、秩父宮が一時期、西田税や中橋基明ら青年将校と非常に親しかったことは事実だが、この時点では直接行動を是認するような状態ではなく、二月二十七日に任地の弘前から上京した秩父宮は歩三の森田利八大尉を通して安藤輝三らに撤退を勧めることになる）。

皇道派系暫定政権の成立

五、皇道派系暫定政権の成立――天皇主義派の〝天皇の首相選定の大権を私議してはならない〟という発想への配慮から、どこにも〝皇道派暫定政権（具体的には真崎政権）を作る〟というようなことは書いていないが、上部工作がこうした支持者などに支えられ順調に行くという前提で全てを整理してみると、こうして「皇道派暫定政権の成立」にこぎつけるはずだったということがわかる。そして、皇道派暫定政権ができれば青年将校達は一時は捕縛投獄されても大詔渙発などの恩赦により早期に出獄することも可能となるのである（だからといって青年将校達が死を厭っていたと見ているわけではない）。西田税が「青年将校がもし成功しても、公武合体的な内閣しかできないだろう」（『二・二六事件秘録三』二八五頁）として、上部工作の基本を「即日収拾、即日大赦の方針」（『二・二六事件・判決』四〇三頁）においていたというのもおおむね（「大赦」が「即日」か否かは別として）このような事態を想定していたのではないかと思われる。

21――香椎浩平

栗原中尉の言う「私共は一挙に事を挙げ市民が驚いて居る中に

勅命を仰ぎ、後は整然と遣る積りでありました」（『二・二六事件裁判記録』一八八頁）とはそういうことであろう。

こうしてもし計画どおりに事態が展開すれば、元老・宮中・重臣等の天皇側近の要人は皇道派政権への加担者以外はほとんど倒れ、内閣は主要閣僚を失って倒壊し、陸軍も反対派の中心は暗殺で排除されるので叛軍側の首脳を担ぎ出さざるを得なくなり、海軍も伏見宮のほか艦隊派系有力将官の支援が期待でき、日本の政治・軍事の中枢は大混乱に陥り、事態収拾のための皇道派暫定政権の成立も決して夢物語とはいえないはずであった。

以下では、こうした上部工作の成否、暫定政権の成立いかんを中心に事件の推移を見ていくことになるが、その前に、それを見ていくにあたって最も重要な、クーデター計画と天皇観との関係について取り上げて考察を加えておくことにしたい。

4　クーデター計画と天皇観

天皇の意向の伝達ルート

クーデターとしてのこの事件が「数人のおじいさんの首を斬ったにすぎない」（丸山眞男）といった程度のものではないことは明瞭だとしても、事件勃発後明らかになるように天皇の態度、反応に対するクーデター企図側の見通しが甘いものであったことも否定できない。最初から天皇は青年将校側に有利に動いてくれるものと決めてかかっているように見受けられるのである。どうしてこのようなものとなったのか。「甘さ」の原因を検討し、さらにそれに関連した彼らの天皇観・宮城占拠問題について考察しておきたい。

想定の「甘さ」の第一の原因は（主原因でもあるのだが）、天皇の意向が、本庄繁侍従武官長↓女婿山口一太郎大尉↓磯部浅一・村中孝次というプロセスで伝わってきた際、彼らに好意的な方向に内容が歪んでしまっていたということである。

村中は「（真崎罷免）ありし後、暫く経て山口大尉より、御上が総長宮と林が悪いと仰せられたと云う事を聞きました。（中略）本庄閣下より山口が聞いたものと思って居ります」としており、磯部は「陛下が真崎大将の教育総監更迭に就ては「林、永田（が）悪い」と本庄侍従武官長に御洩らしになったと云う事を聞いて、我は林大将が統帥権を犯しておる事が事実なりと感じまして、非常に憤激を覚えました」としている（『二・二六事件秘録二』二八〇―一、二九七頁）。

22―本庄繁

磯部は村中から聞いたというから同一情報であろう。天皇が皇道派にシンパシーを持っており、統制派に怒りを感じているという情報が、磯部らのクーデター計画作成に重要な判断材料になったことは想像に難くない。

元老西園寺にせよ牧野前内大臣にせよ、実際の宮中の天皇周辺は反皇道派的であったから、こういう発言を天皇がしたとは考えにくく『本庄繁日記』にもこういう記述はない。しかし、希望的観測も入ってはいようが、上記の情報流通ルートからして彼らがこれを真実と考えたことは無理からぬところもあるといえよう。そしてそれは、「君側の奸」襲撃後、彼らの真意が天皇に伝われば天皇はこれを支持してくれるという「誤った判断」の大きな原因になったと考えられるのである。

事件前にクーデターについて議論した際、自重派の新井勲中尉が、軍隊を使用した直接行動は天皇が「考えられて居る場合、その時だけに許さるべきです。今の陛下が果してそれを考えて居られるか。わたくしはそうとは絶対に思えません」と発言しているのに対し、村中は「なに、陛下だって御不満さ」と強く言い切っている（新井勲、一三九—四〇頁）が、この自信に満ちた発言は、本庄・山口ルート情報の存在抜きには考えられないのである。

青年将校が抱いた天皇観

第二の理由は青年将校の天皇観に由来する。天皇主義者はもちろんだが改造主義者も、〝天皇は国民の熱誠の赴くところを聞かれるはずの存在だ〟という発想が強固なものとして存在しているのである。

それを担保するのが、前者はストレートな伝統的国体論、後者には『改造法案』が大きく加わるという違いはあるが。そして、もしその「熱誠」が一方通行的なものだったら、卑近な言い方をすると「片思い」だったらどうするのかという根源的問いを不断に遮断するのが国体論的な思考なのである。

だからとくに天皇主義からはこの発想への疑念は出にくいのである。

ただし、改造主義者の一人村中はこの点を突き詰めてぎりぎりの思索を展開していた。村中は事件後、次のように言っている。

「私らは負けた」。「勝つ方法としては上部工作などの面倒を避け、襲撃直後すかさず血刀を提げて宮中に参内し、恐れ多いが陛下の御前に平伏拝謁して、あの蹶起趣意書を天覧に供え、目的達成を奉願する。陛下の御意はもとよりはかり知るべきではないが、重臣らにおはかりになるかも知れない。いわゆる御前会議を経ることになれば、成果はどうなるか分からないが、そのような手続を取らずに、恐らくお許しをえて奏功確実を信じていた。この方法は前から考えていたことだが、いよいよとなると良心が許さない、気でも狂ったら別だが至尊強要の言葉が恐ろしい。たとえお許しになっても、皇軍相撃つ流血の惨は免れないだろうが、勝利はたしかにこちらにあったと思う。飛電により全国の軍人、民間同志が続々と上京するはずだ。しかし、今考えて見れば銃殺の刑よりも、私らは苦しい立場に立つだろう。北先生からも（上を強要し奉ることは絶対にいけない）と聞かされていた」。「不肖等は武力を以て戦い勝つべき方策はなきにあらざりしなり、敢てこれを為さざりしは不肖等の国体信念に基くものなり、身を殺しても至尊を強要し奉るが如きことを欲せざりしによる」（塚本定吉「軍獄秘録」二五二頁、『二・二六事件・獄中手記』二二二頁）。

村中の指摘するような発言を北がしていたことは判決にもあり間違いない。後に述べるがこの〝判決〟は無理矢理北を死刑にした判決であり、（当時の公定的国体論からして）北に不利な材料を集め並べたものであるにもかかわらず以下のようになっているのである。

村中が「要地の占拠を持続したる上」「目的達成の為上部工作を為すは、我国体観念上疑問に思い」訊ねたのに対し、北は「十月事件の如く大詔渙発を強要し奉るが如きことは、国体観念上許されざるも、然らざる範囲内に於て、上部工作を為すは差支なし」と回答した（『二・二六事件・判決』四二〇頁）。

こうして見ると、村中はクーデターの現実性を考えていわゆる国体論からさらに一歩踏込みかけたが、結局その枠の中に踏み止まったといえよう。言い換えると、村中は天皇主義と改造主義との葛藤に悩み続け、ついに政治的勝利よりも天皇主義の倫理性の側に大きく傾斜したわけである。「甘さ」の中にあえて止まったとも言えよう。

「私共の蹶起は、政権奪取の為にあらず、一に国体覚醒にあるのでありました。私共は、相沢中佐の集団でなければならぬのであります」という村中の言は、村中の思索の果ての最後に思い至った偽らぬ胸中の吐露だと言えよう（「二・二六事件村中孝次最終陳述」）。

ただその場合、クーデターの成否という視点から見ると、村中がいわば「強硬手段」の方向に踏み込まなかったのは、天皇主義の青年将校達の説得がむずかしいこと、さらに皇道派上層部の支持を得るにも不適切であることなどがあるが、現実的には最初にあげた本庄・山口ルート情報の存在が最も大きかったことが留意さるべきであろう。真に「甘かった」のは（むづかしいことではあるが）、情報（ルート）の確認であった。

宮城占拠の回避

二の点に関し重要な宮城占拠問題について最後に触れておきたい。それは、現実的な彼らが宮城占拠をしなかったのは、宮城を占拠して偽の詔勅の類を発しても現実感覚のリアルな幕僚らはそれに同意しないに違いないという想定があったということである。すなわち、拘束のない状態の天皇から彼らの行動が認められたということでなければ説得的でないということなのである。

二十六日に出される蹶起の趣旨を認めたという旨の陸軍大臣告示に対して真田穣一郎《さなだじょういちろう》警備司令部参謀は「叛軍に銃剣をつきつけられて書いた誓文の様なもの（中略）は駄目です」と言っており、これに対して安井藤治参謀長は「君は個人として左様云うが上司から定められたもので叛軍は宮中に入って居ない、銃剣を突付けられて居ない、（中略）定めた事は其の通りに遣って貰わねばならぬ」と言って納得させている。橋本虎之助《はしもととらのすけ》近衛師団長に至っては「これはおかしい」として指揮下部隊への下達を拒んでいるのである（『現代史資料二三』五九〇頁、高宮太平、三〇八―一六頁、松本清張、三一二―三頁）。

青年将校の側にもこの意識があったことは、この陸軍大臣告示に対して安藤輝三が次のように語っていることからもわかる。

陸軍大臣の告示は私共の蹶起の趣意を陛下に上奏後出されたものでありますから、只大臣一個の考えで出したものでないことは明かであります。又その発表が蹶起部隊の強制に因るものでないことは、それが宮中で書かれたことで判ります（『二・二六事件裁判記録』三〇二頁）。

宮城を占拠していない状態で出された告示だから有効だと主張しているのである。陸軍大臣告示ですらこう考えられたのである。宮城を占拠して天皇を拘束した上で発する偽の詔勅の類が無効なことは明白であろう。

こうしてみると宮城占拠はマイナスが多いことがわかる。その結果、後に見る中橋基明の行動、宮中での最初の閣議において川島陸相が閣僚たちに説明した「叛軍幹部」の「要請」中に「陸相は直ちに用意の近衛兵に守られて参内し、われわれの意志を天聴に達すること」（内田信也、一六八頁）とあること、九時頃陸相官邸から参内しようとした川島陸相に「香田大尉がついて来ようとするのを私はきっぱりと断った」と小松光彦陸相秘書官が語っていること（『人物往来』四八頁）を総合すると、天皇と宮城に対する処置は、（他の諸々の「上部工作」とともに）宮城の一門確保による反対派のできる限りの排除と、その門からの香田清貞ら上部工作担当将校の参内ということに確定したものと思われるのである。

Ⅳ　二・二六事件の勃発と展開

23──反乱軍が占拠した山王ホテル
最後は安藤部隊が主として使用した山王ホテルは昭和7年（1932）に開業した日本有数の近代的ホテルであった．クーデターが失敗し撤退と決すると安藤はここで自決を図った．現在は山王パークタワーが建っている．

1　襲撃と占拠

二月二十六日午前一二時四〇分頃、湯河原の牧野伸顕前内大臣を襲撃する河野寿大尉の一隊八名が軽機関銃等で武装し歩一の営門を出発した。これが最初の集団的行動である。

栗原隊の首相官邸襲撃

歩一の栗原安秀中尉は午前四時三〇分頃、約三〇〇名の部下を前に蹶起趣意書を読み上げ永田町の首相官邸に向けて出発、五時ごろに到着して邸内に侵入、警備の警察官四名を殺害の上、岡田首相の義弟である首相秘書官事務嘱託松尾《まつお》伝蔵《でんぞう》を首相と誤って殺害し占拠した。栗原は「海軍大将たる岡田首相は青年将校蹶起襲撃せば、海軍大将の軍服を著て堂々と我等と面接するなるべし」（山本又、一二二頁）と言っていたが、岡田は女中部屋の押入れに避難して死を免れた。殉職した警官四名のうち二名は林八郎《はやしはちろう》少尉が軍刀で斬殺したもので、中庭にいた松尾をめがけ部下の二等兵二名に射殺命令を発したのも林であった。岡田は、翌二十七日午後一時二〇分憲兵隊の小坂慶助《こさかけいすけ》曹長の機転により弔問客にまぎれて官邸から脱出した。

24―― 岡田啓介（左）と松尾伝蔵（右）

中橋隊の高橋蔵相襲撃と坂下門確保失敗

近歩三の中橋基明中尉は中島莞爾《なかじまかんじ》・今泉義道《いまいずみよしみち》両少尉とともに四時三〇分頃に明治神宮参拝と称して守衛隊控兵ら約一二〇名を率いて出発、五時頃赤坂表町の高橋是清蔵相私邸を襲撃した。その際、守衛隊控兵六二名は今泉少尉に指揮させ、近くの暹羅《シャム》公使館脇に待機させた。

高橋邸の表門には二名の立番巡査がいたが、一名を組み伏せたところ他の一名が小門から邸内に逃れたので中橋もそこから侵入、他の警戒員一名ともども彼らを拘束したうえ高橋を捜索したところ、屋内二階で発見した。

中橋の証言によると、一階ではすでに拳銃を発射しており警官が大声で騒いでいたほかあわただしい物音が聞こえたはずなのに、高橋は「蒲団の中に仰向いて眼を少し開けて寝て」おり「少しも周章狼狽する所なく、泰然自若として」いた。中橋は「天誅を叫び蒲団をはね上げ」たが、高橋は「起き上がろうともせず」「蒲団の中で従容として薄く目を開き黙って」いた。中橋は「拳銃を三発」「腹部を目懸けて撃ちました。其処へ中島少尉が飛び込んで来て軍刀を以て高橋蔵相を斬りました。高橋蔵相は遂に即死しました」。「其の態度は我ながら立派なものであると感心しました」という。高橋への弾痕は三ヵ所、切創は六ヵ所であった。その後、中橋らは階下で高橋の娘水間真喜子に最敬礼をして立ち去った（『二・二六事件裁判記録』二五八―九頁、「中橋基明第一回予審調書」『二・二六事件・判決』二二三、四六、五三―四頁）。

25―二・二六事件関係要図

そして、蔵相邸突入隊を中島少尉に指揮させて首相官邸に送った中橋は、今泉少尉指揮の下待機させていた守衛隊控兵六二名を率いて六時頃半蔵門に到着、守衛隊司令官門間健太郎少佐に、明治神宮参拝途次に異変を感じたので駆けつけたと願い出て坂下門の警備にあたった。門間は、皇宮警察からすでに青年将校の襲撃事件のことを知らされていたが、中橋が襲撃者とは考え及ばず騙されたのである。

しかし、元来控兵は守衛隊司令官に召集されてから出動するものであり、中橋は門間司令官に怪しまれ出した上、蹶起部隊に備えて宮城守衛部隊に弾薬を分配するという近衛師団命令が下達されたので「大いに狼狽し」、八時には単身首相官邸に向けて脱出することとなった。

中橋は坂下門を警備した今泉の部隊には弾薬を渡しておらず（『二・二六事件裁判記録』二五八頁）、坂下門警備中は侍従武官ら三名を通過させており、「奸臣と目する重臣も来なかったので之等を阻止した様なことはありませんでした」と語っている（『二・二六事件裁判記録』二六二頁）ように、ここでは終始消極的に行動している。

磯部とともに陸相官邸に赴いた山本又《やまもとまた》は「坂下門には討ちもらしたる重臣の参内を阻止するため、中橋中尉の指揮する一部隊ある筈なり。如何せしか」（山本又、一三一頁）と記しており、中橋部隊の重要な目的が「重臣の参内阻止」とされていたことが窺われるが、宮城には他にも平川門、桔梗門、乾門などがあり坂下門だけで「重臣の参内阻止」ができたのかも疑問である（坂下門が「大官の主要通路」と意識されていたのは事実であるが〈「二・二六事件に参加せる中橋元中尉に関する調書」近衛師団〉）。

ただ、中橋が警視庁屋上の野中四郎部隊の者と手旗信号の交信をすべく正門南側の土塁に上って阻止された事実があるし（「将校班公訴状」北博昭、一六四頁）、中隊の通信手が警視庁からの手旗信号を待っていたということもあるようだ（埼玉県、一五頁）。

裁判で「警視庁等外部の同志と手旗通信を行う計画」を実施したかと聞かれ、「外部から手旗通信でもあるかと思いましたが別に其の様な計画があったのではありません」という微妙な回答を中橋はしているが（『二・二六事件裁判記録』二六二頁）、後述のように警視庁屋上の野中部隊からの手旗信号は陸相官邸の磯部も受信しているのであるから、何らかの連絡を取ろうとしていた可能性は高い。

しかし、だからと言って、警視庁占拠部隊を宮城に入れようとしていたのだというような推理（松本清張に始まる）は、既述の村中証言をはじめとする諸論点をクリアできるものではない。

栗原は、宮城占拠計画は、案としてはあったが「遣らぬことになった」と明瞭に否定している（「栗原予審訊問調書」北博昭、一六二―五頁）。

この点、池田《いけだ》俊彦《としひこ》少尉が「中橋中尉は警視庁を占拠した野中部隊と連絡をとって宮城前を占拠する手筈になっていたらしい」と書いているのは説得的だ（池田俊彦、四三頁）。中橋の部隊だけでは坂下門確保にも少なすぎるので、連絡を取り合ったうえで警視庁占拠部隊からある程度の増援をすることになっていたのではないかと思われるのである。

従って、まとめると、中橋の行動は、川島陸相とともに上部工作担当の青年将校達が宮城に入るためのルートを確保することが主目的であり、さらにできれば「奸臣の参内を阻止すること」だったが、失敗したと解するのが一番自然であろう（以上は、『二・二六事件・判決』二二一―三、四五―七、五三―四頁、『二・二六事件裁判記録』二五一―六二頁、「二・二六事件勃発当時に於ける守衛隊関係事項、特に叛徒介入に関する状況」〈近衛師団参謀長岡田実作成、昭和十一年三月二十五日付〉）。

なお、今泉はそのまま坂下門警備を続けた後、一一時に連隊に帰り、二十八、九日は部隊が鎮圧軍となったので出動、三月四日から初めて憲兵の取調べを受けている（『二・二六事件・判決』二三―四頁、『二・二六事件裁判記録』四五五―八頁）。反乱軍と鎮圧軍の両方に加わった唯一の将校であった。判決は禁固四年。

坂井隊の斎藤・渡辺邸襲撃

歩三の坂井直中尉・高橋太郎・安田優両少尉らは約二〇〇名の部下に昭和維新断行を告げて四時二〇分営門を出発、五時頃四谷仲町の斎藤実内大臣私邸に到着し侵入、斎藤を拳銃と軽機関銃で射殺した。春子夫人が斎藤の上に覆い被さり「私も殺して下さい」と絶叫するので、高橋少尉は夫人に危害を加えぬため夫人の下から拳銃を発射し止めを刺した。斎藤の体内には四七ヵ所の弾痕があった（「高橋太郎第一回予審調書」「医師の死体検案書」『二・二六事件・判決』二一四―五頁）。

その後高橋・安田両少尉は約三〇名を率いて野砲第七連隊の田中勝中尉の準備した軍用トラックで

杉並区上荻窪の渡辺錠太郎教育総監私邸に向かい六時ごろ到着。軽機関銃で玄関を破壊して突入しようとしたが、警備の憲兵に応戦され、庭から屋内に侵入した。すると、すず夫人が寝室の前に立ちふさがり「土足の儘、無断で人の家に侵入するという法がありますか、それでも日本の軍隊ですか」と言うので「閣下の軍人ではない。陛下の軍隊である」と言って押し退け室内に突入、渡辺が拳銃で応戦してきたので、拳銃・軽機関銃で応射し、さらに軍刀で止めを刺し殺害した。

渡辺は拳銃を握りしめて絶命していたが、六発全弾が撃ち尽くされていた。一〇歳の二女和子は寝室の応接台の陰にいて奇跡的に無傷であった。

護衛の憲兵二名には渡辺邸襲撃前の五時四〇分～六時頃（正確な時刻不明）に、牛込憲兵分隊から重臣襲撃事件が起きていることが知らされている。しかし、護衛憲兵はこれを渡辺に知らせることに成功していない。その後、応援憲兵二名が駆け付けたが襲撃終了後であり、数も少ないのでかえって蹶起部隊から反撃を受け一名が右肩貫通銃創を負う事態となっている。警備上大きな問題であり、処分者も出たようだが詳細は不明である。

なお安田は、昭和維新は「軍の協力一致」が必要で「渡辺大将も一体」となってもらうため陸相官邸に迎えるつもりで出かけたのであり、「殺すのが目的でないので（裏門でなく）厳重なる戸締のある正門に向ったのです」としている。ただ、同行した高橋はこういうことは言っていない（『二・二六事件研究資料二』三九二、四〇六頁）。

憲兵と渡辺による応射のため負傷した安田は前田外科病院に入院、部隊は全て陸軍省付近に集結した（以上、「長瀬一予審調書」「高橋太郎陳述」「宮沢道彦大尉調　渡辺大将遭難当時の状況」『二・二六事件裁判記録』三三七―九、三五二―四頁、『二・二六事件・判決』一六三頁）。

安藤隊の鈴木侍従長襲撃

歩三の安藤輝三大尉は約二〇〇名の部下に「靖国神社に向って行く」ことを告げ、三時三〇分頃兵営を出発、四時五〇分頃麹町区三番町の鈴木貫太郎侍従長官邸に到着し侵入。警備の警官を包囲して抵抗を排除した後、鈴木を捜索。部下の永田露曹長と堂込喜市曹長が侍従長を発見、合わせて拳銃三発を発射した。

来合わせた安藤は、近くにいた孝子夫人に「閣下ですか」と確認、「そうです」と答えたので「我々は鈴木侍従長閣下と信念を異にする為め止むを得ず今回の如き行動に出たが閣下の犠牲が国家永久安泰の礎石なられる様祈ります」「閣下を憎んでやったのではない、悲しいことです、お気の毒です」と言った。

26―鈴木貫太郎

夫人が姓を尋ねたので「歩三の安藤輝三」と答え、止めを刺そうとしたところ夫人から「夫れ丈けは止めて下さい」と懇願された。脈を確かめたところまだあったが、出血がはなはだしく「之れ以上残酷なことは出来なかったので「夫れでは止めます」」と言って、部下兵士に起立、脱帽、最敬礼をさせて辞去。部隊を指揮して陸軍省付近に至った。

その後安藤は陸軍省付近を警備中、鈴木の下に輸血に行く自動車が来たのを知り通過を認めている〈松本一郎、四〇〇頁〉。

これで鈴木は助かり、全治六週間の胸部・臀部等の貫通銃創で済み、終戦の時の首相に就任することになる。(「永田・乙班第六回公判」『二・二六事件裁判記録』二九三―四頁)。

野中隊警視庁と丹生隊陸軍大臣官邸占拠

同じく歩三の野中四郎大尉は部下約五〇〇名を率いて四時三〇分頃出発、五時頃警視庁に至り特別警備隊長らに蹶起趣意を告げこれを占拠、外部との電話連絡を一時遮断し、屋上にも分隊を配置した。屋上には手旗信号手を置いた。前述のように、従来これは坂下門の中橋基明との連絡のためだけだと思われ、そこから野中部隊が宮城を占拠することを目的としていたという説なども唱えられたが、最近発表された山本又(陸相官邸付近にいた)の手記に「午前六時頃、庁舎屋上より警視庁占拠、目的達成の手旗信号あり。磯部之を受信す」(山本又、一二三頁)とあり、少なくとも陸相官邸にいた磯部浅一らとの連絡も任務としていたことがわかった〈須崎慎一氏は「野中大尉率いる警視庁占拠部隊には、手旗がなく」〈須崎慎一、一五八頁〉としているが、これでは磯部の受信手段が説明できないのではないだろうか。なお、警視庁と外部との連絡に関しては、後藤文夫《ごとうふみお》内相との連絡を検討した副田義也、五二九―三六頁を参照されたい〉。

歩一の丹生誠忠《にぶよしただ》中尉は四時三〇分頃、部下約一七〇名を率いて磯部・村中孝次らとともに営門を出発、五時頃麴町区永田町の陸軍大臣官邸に到着、これを占拠。近隣の陸軍省・参謀本部の門も制圧、陸軍省通信所も制圧して通信手段も奪い、磯部・村中らの上部工作に備えた。

河野隊の牧野襲撃

午前一二時四〇分に歩一を出発した河野寿大尉隊のメンバーは河野が飛行学校学生のため部下がなく、栗原安秀中尉の人選になる栗原の部下・旧部下らの下士官・兵・民間人ら八名であった。

彼らは、軽機関銃・小銃・拳銃等で武装し自動車二台で五時頃湯河原に到着、二十三日から渋川善助が宿泊して様子を探っていた伊藤屋旅館貸別荘に滞在中の牧野伸顕を五時半頃に襲った。この時居合わせたのは、牧野のほかに妻峯子、孫の吉田和子（牧野の長女雪子と外交官吉田茂との長女で麻生太郎の母）、女中二人、看護婦一人、護衛警官一人の七人であった。

河野を先頭に裏口から侵入、護衛の皆川巡査に拳銃を突きつけて牧野の部屋に案内させたが皆川が隙を見て発砲、河野と宮田晃に計三発を命中させ重傷を負わせた。河野らも反撃したので皆川は撃たれて倒れた。

河野が重傷を負ったので代わって指揮を執った水上源一は、討ち洩らすことを怖れ、別荘に放火した。屋内から脱出してきた婦女子

27――襲撃を受けた伊藤屋別館

の中に牧野らしき人物を発見した黒田昶は拳銃を三、四発発射したが、牧野をかばっていた看護婦の右腕に一発が当たり、悲鳴を上げたのを聞いた黒田は「自分の妹を撃ったような」気がして以後の射撃を止めた。こうして牧野は裏山に逃れ無事であった。

結局、護衛の巡査一名を殺害、看護婦等二名を負傷させたに留まったが家が焼け落ちたのを確認した襲撃隊は、牧野を殺害したと思い引揚げた。その後、宮田を湯河原の病院に入院させ、東京に戻る途中、河野は東京第一衛戍病院熱海分院に車を向けた。河野は直ちに外科手術を受け、術後水上に病院に来た憲兵に従うよう指示し、全員午前一〇時に三島憲兵分隊に検束された。

河野は事件の失敗を知り、三月五日午後三時半ごろに病室を脱し、近くの空き地に端座し古式に則り自決を図ったが、周囲に迷惑をかけないようにするため果物ナイフを使ったため時間がかかり約一五時間後の六日午前六時四〇分に死亡した（『二・二六事件・判決』一六九—七九頁、松本一郎、二三七—四五頁）。

対馬らの西園寺襲撃計画中止

豊橋教導学校の対馬勝雄・竹島継夫両中尉を中心とした西園寺襲撃計画は、約一二〇名の兵力を使用する予定であったが、二十五日午後に至り、同志と目されていた板垣徹中尉が彼に同調的になっていた竹島とともに、対馬に対して「兵を使用することは兵をろぼっと的に使用するものである」と主張して反対した。対馬は「今度の時期は所謂独断兵力使用の時期であると主張」したが、板垣はなお「兵力使用」は「全国的に動く」「最後の場合である」が「今度の場合は最後の場合に非ずと主張」、「飽迄兵力を使用せんとすれば之に反対して極力阻止する（井上辰雄証言では「兵力を以て之を阻止する」）と言明するので、板垣を斬ってまで兵を使用せんと考えましたが斯《か》くすれば企図が暴露」すると対馬は判断し、「襲撃抛棄を決心しました」ということになった。

　結局、対馬と対馬に同調した竹島が、午後六時頃豊橋駅を出発、横浜止まりの列車に乗ったので横浜で下車。自動車で東京に入り、日比谷ホテルで休憩。二十七日午前二時半に二人は歩一に到着して栗原らの行動に加わった（『二・二六事件・判決』二〇〇―八頁、『二・二六事件裁判記録』二二二―六、二四一―三頁、「井上辰雄中尉　昭和十一年五月十八日付予審官調書」）。

　なお、西園寺暗殺計画は中止となったので、亀川哲也《かめかわてつや》は鵜沢総明のもとに行き後継内閣は真崎大将か柳川平助中将にするよう西園寺に告げることを依頼。鵜沢は列車で興津の西園寺のもとを訪ねたが着いたときは西園寺はすで脱出していた。木戸幸一からの電話が六時三、四〇分にかかっていたのである。鵜沢は熊谷《くまがや》八十三《やそぞう》執事に上の件を伝えたので、熊谷はこれを二十八日に西園寺に伝えたが、西園寺は「ふんふんと肯かれて居りたる外、一言もありません」という結果に終っている（『二・二六事件秘録二』一五九―六〇、一六六頁）。

　結局、殺害に成功したか否かを別にすると、計画中西園寺襲撃以外は予定通り実行されたのである。中橋による坂下門確保が失敗しておりこれは痛手となるが、もともと「為し得れば」と考えていたことであり、中橋が守衛隊控兵になることが直前に決まったので実行したことなのでもあった。

2 暫定内閣をめぐる攻防

川島陸相への圧力

上部工作担当の磯部浅一・村中孝次らは陸相官邸到着後、川島陸相に面会を要求した。最初青年将校達が自分を殺しに来たのではないかと恐れていた陸相は渋っていたが、二時間くらいたって殺害が目的でないことがわかり面会することとした。磯部は、「(村中・香田清貞が)礼を尽して無茶なことはしないから起きて会って貰い度いと云って居りました」が、「私は短気でありますので此の様な手間取る交渉は気に食わぬので、中に踏込んで行こうかと思った位であります」と言っている(『二・二六事件裁判記録』九二頁)。

そこで磯部らは川島に「蹶起趣意書」や「要望事項」を読み上げ招致すべき人物を申告、戒厳令も要請した(「証人訊問調書証人川島義之」四六—九頁)。

「要望事項」は軍内の反対派の名前を挙げて逮捕・罷免等を要求したもので、大要はすで紹介したが、重要なので以下に全文を掲げておこう。

一、陸軍大臣の断乎たる決意に依り速に事態を収拾して維新に邁進すること、

二、皇軍相撃の不祥事を絶対に惹起せしめざる為、速に憲兵司令官をして憲兵の妄動を戒め、事態

を明確に認識する迄静観せしめ、又東京警備司令官、近衛師団長、第一師団長をして皇軍相撃を絶対に避けしむること、

三、南大将、宇垣朝鮮総督、小磯中将、建川中将は、軍の統帥破壊の元兇なるを以て、速に之を逮捕すること、

四、根本博大佐、武藤章中佐、片倉衷少佐は、軍中央部に在りて軍閥的行動を為し来りたる中心人物なるを以て、之を除くこと、

五、蘇国威圧の為、荒木大将を関東軍司令官たらしむること、

六、同志大岸頼好、菅波三郎、小川三郎、大蔵栄一、朝山小二郎、佐々木二郎、末松太平、江藤五郎、若松満則を、即時東京に招致して其の意見を聴き、事態収拾に善処すること、

七、前各項実行せられ事態の安定を見る迄、突出部隊を現占拠位置より絶対に移動せしめざること、

（ここには『二・二六事件・判決』一八—九頁に掲載されているものを掲げたが、この内容が秦郁彦、一四二—三頁、『二・二六事件・判決』一八—九頁、『現代史資料二三』四六五—六頁、「証人訊問調書証人川島義之」とで少しずつ異なっていることはすでに一一三頁に記した）。

要望事項（とくに三・四・五）が緻密な政治的戦術であること

28—川島義之

はすでに記したとおりである。また、招致を要請した人物は、真崎大将・古荘幹郎次官・山下奉文少将・満井佐吉中佐らである（彼らの作成した「午前七時以前に陸軍大臣官邸に出入を許すべき人名」「同午前七時以後に其の出入を許すべき人名」「見当り次第殺害すべき人名」という一連の人名表があるが、この前二者からこの四人を選んだ可能性が高い。『二・二六事件・判決』三二頁は四人の名前の後に「等」をつけ、村中も「等」をつけているが、香田は四人のみを挙げている。ただし「証人訊問調書証人川島義之」では真崎・本庄・山下の三人である〈『二・二六事件裁判記録』三五、一三二頁、北博昭、七七―九頁参照、「証人訊問調書証人川島義之」四八―九頁〉）。

その後、八時頃には陸相官邸に真崎大将が来着する。その前後には山下少将ら青年将校が招致を希望した人物などが次々に陸相官邸に来着したが、陸軍省・参謀本部に勤務する将校で表門あたりが一杯となり混乱してきたので午前一〇時頃には磯部が整理を始めた。しかし、片倉衷少佐は表玄関前に入ってきたので、磯部はこれに対して拳銃を発射、左側頭部に盲管銃創を負わせた。片倉が倒れたところ、磯部はなお軍刀を抜き起き上がってきたら斬ろうとしたが、片倉を担いで退出させたものがあったので磯部はとりやめた（『二・二六事件・判決』三二頁、『二・二六事件裁判記録』九四頁）。

なお、片倉は前田外科病院に運び込まれたが、前田病院には渡辺教育総監を襲って負傷した安田優少尉がおり、後に自決未遂で運び込まれた安藤輝三大尉も来ることになる。そして片倉は比較的軽症だったので反乱後の対策などについて建策をすることになる。

真崎はこの日の朝四時半頃、政治浪人亀川哲也の来訪により事件のことを初めて知るが亀川によれば「死人の様な顔色」になり「万事窮《ママ》すだ」と言っている（『二・二六事件秘録一』三一六頁）。どうして「万事窮《ママ》す」なのか。

真崎大将の動き

真崎は前年来、二つの政治工作を進めつつあり、それはかなり進行していた。

a、前年暮れ、山本英輔海軍大将は真崎らを擁護する内容を盛り込んだ書簡を満井中佐との協力のもと、牧野伸顕・斎藤実宛に送っており、真崎はこれに「感涙」し、いよいよ「最後の決戦」のときが来たと感じていた。「山本大将の蹶起を孤立に陥らしむべからざること」（『真崎甚三郎日記二』三四〇―一、三四三頁）というのがこの時期の彼の政治工作の一つの要諦であった。この線から後に見るように石原莞爾・満井佐吉・橋本欣五郎の関わった二・二六事件解決策に山本内閣案が出てくることになるのだが、とにかくこの時点での真崎にとっては、このように文書戦が「蹶起」であり「決戦」なのであった。

b、前年から「小磯・建川の包容」の必要性が皇道派の周辺で考えられるようになり、とくに「建川を大臣に推すべくすすむ」（『真崎甚三郎日記二』三二八頁）プランが進行しつつあった。そして、これも満井中佐が仲介役となり、橋本欣五郎大佐らとの接触が深まりつつあった。同じ皇道派の荒木はこの動きに必ずしも賛成ではなく、一月二十二日の時点では「目下建川の肩を持ちあるは予（真崎）一人位ならん」（『真崎甚三郎日記二』三五三頁）という状況であった。ともあれ、「最近軍の革新派は自然に合流するの機運にある」（『真崎甚三郎日記二』三五七頁）、すなわち皇道派と清軍派（橋本欣五郎ら桜会の流れを汲む人々）とが合流の方向にあるというのが彼の当時の一つの認識であり、力を入れて政治工作を進めつつあるところなのであった。そして、参謀本部作戦課長の石原もこの動きに加担していた（『真崎甚三郎日記二』一九〇、二九五頁、『二・二六事件秘録一』三二八、四七二、四八〇頁、『二・二六事件秘録二』二六五、二七五頁）。

真崎は当時この二つの政治工作と相沢事件の公判とに力を注いでいたのであって、これは青年将校たちの方向性とはずれていた。青年将校の「要望事項」では、「保護検束」を要求される建川を、真崎は陸軍大臣にすえようとしている工作に頭を悩ませていたのだから相当の開きともいえる。

このように皇道派の勢力挽回工作を種々しているのに突然クーデターが行われたことを知ったのだから「万事窮《ママ》すだ」ということになるわけである。

しかし真崎はすぐに加藤寛治海軍大将と伏見宮邸で会うことを電話で決めておいて午前八時頃に陸相官邸に赴いた。前日伏見宮邸で真崎・加藤は会っている可能性が高く、そこで何らかの打ち合わせが行われていた可能性も高い（『加藤寛治日記』三三六頁、『真崎甚三郎日記二』三八八頁）。

官邸に着いた真崎は磯部に向かって「君達の精神は能く判って居る」と言っている（『二・二六事件・判決』四六二頁）。

この「君達の精神は能く判って居る」という真崎の発言は青年将校達の行為を認めた発言として有

名であり、真崎サイドから〝言ってない〟という反論が出されたりしたのだが、磯部だけでなく丹生も「大将がお前等の意思はよく判って居ると何回も云って居られました」と言っており（『二・二六事件裁判記録』一五二頁）、真崎を無罪にした「判決」にもあるところからして言ったと見て間違いない。

ただ、二十八日に山口一太郎大尉が戒厳司令部で香椎浩平司令官に奉勅命令の無期延期を進言した際、香椎は「よく判ったよく判った」と繰り返すだけでこれを許容しなかった（「山口第四回被告人訊問調書」『二・二六事件・判決』一八五―六頁、香椎研一、二一一―五頁）という出来事が起きている。「精神は能く判って居る」ということは、当時の上級将校にとっては、〝行為を認める〟ということにはならないと解するのが正確な理解であるように思われるのである。

川島に会った真崎は「ここで閣議を開き、戒厳令でも布かねばならん」と川島陸相に迫った。「成程行い其のものは悪い、然し社会の方は尚悪い、起った事は仕方がない、我々老人にも罪があったのだから之から大に働かなければならぬ、又非常時らしくどしどしやらねばならぬ」（『現代史資料二三』五九七頁）とは、生き返ったようなこのときの彼の発言である。

青年将校に押され真崎からも慫慂された川島は参内することにするが、この時香田大尉が同行を求めて断られており（「証人訊問調書証人川島義之」五一一頁）、陸相との同行参内が所期の目的であったことをうかがわせるのである。

また、真崎は出発前の川島にこれから伏見宮邸に行くことを告げているが、真崎来着前に川島は伏見宮邸から電話をかけてきた加藤寛治に呼び出されて話をしており、この真崎・加藤・伏見宮三者の連携的ポーズは相当の圧力になったと思われる（「証人訊問調書証人川島義之」五〇—一頁）。

真崎はその後、伏見宮邸に赴き、待ち合わせた加藤とともに伏見宮に拝謁、「強力内閣を組織し、今次反乱事件等の関係者に対し、恩典に浴せしむべき主旨を含む大詔煥発を仰ぎ、事態を収拾せらる様為し頂き度く、一刻も猶予なり難き旨」言上したのである（『二・二六事件・判決』四六二頁）。

その後、伏見宮が参内する車に加藤とともに随走して参内した。宮中に着くと伏見宮を天皇のところに送り込んだ後、侍従武官長室に行き、拝謁を待たされていた川島陸相に再度大詔渙発等を進言した。

なお陸相出発後の陸相官邸では、磯部が「短刀を抜き、（古荘幹郎）次官を威迫」し〝陸軍省職員は軍人会館に集合〟という命令を書かせている（山本又、一二七頁）。

勃発時の天皇周辺と新内閣組閣拒否

次に天皇と伏見宮との面会までの宮中の動きを見ておこう。

歩一の山口一太郎大尉から娘婿の本庄繁侍従武官長に連絡があったのが五時頃。本庄は宿直の侍従武官中島鉄蔵《なかじまてつぞう》少将に電話したので、中島が甘露寺《かんろじ》受長《おさなが》侍従に伝え、宮内省大臣官房総務課からの連絡もあったので、六時二〇分甘露寺から事件のことは天皇に伝えられた。七時一〇分に参内した本庄からも事件のことが天皇に伝えられたが、天皇はいずれの時も「とうとうやったか」と言ったり「御深憂の御様子」といった感じであった。

29―木戸幸一

ここで内大臣亡き後の実質的内大臣とも言うべき、木戸幸一内大臣秘書官長が見事な対処策を起案する。それは、現内閣の辞職を許さないということと、天皇の方針を反乱の鎮圧一本に絞るということであった。暫定内閣を作るということになるとこれが取引の道具になり「実質的には反乱軍の成功に帰することとなる」（『木戸幸一関係文書』一〇六頁）というのが木戸の見方だった。こうして磯部らの考えたクーデター成功のための最大の眼目＝暫定政権成立プランは木戸によって読み破られてしまい、一歩も前に進まないことになってしまう。見事な洞察力であった。その成果はこの日の第一公式拝謁者伏見宮との会見で明瞭なものとなる。

さて従来の研究では、伏見宮と天皇の会見内容は、伏見宮が「速に内閣を組閣せしめらること」を献言したのに対し、天皇は「自分の意見は宮内大臣に話し置けり」と答え、宮が「重ねて宮内大臣に尋ねて宜しきや」と再問すると「それは保留する」と答えたことになっていた。『木戸幸一日記上』（四六四頁）にこう書いてあったからである。

しかし、伏見宮海軍軍令部総長の下で海軍軍令部次長をしてこの時随伴した嶋田《しまだ》繁太郎《しげたろう》の「備忘録」（防衛省防衛研究所図書館蔵、中尾裕次、三三五頁）に次のようにあることが近年わかって様相は変わって来た。重要な（伏見宮発言後の）天皇の発言のみ引用する。

平沼には加藤加わるべく、陛下御不同意、徹底的に圧鎮せよ要すれば錦旗を捧じて往くともと云う如き御軫念《ごしんねん》に拝察

『木戸幸一日記』では明記されていなかったが、伏見宮は新内閣一般ではなく平沼内閣を明確に提言し、それには（皇道派に近い）加藤寛治が入閣することになるから駄目だと天皇は拒絶していたのである。新内閣成立の最初の献言を木戸のアドヴァイス通り明確に拒否したのである。ほかでもないその加藤の随伴で伏見宮は参内していたのだが。また、同じく木戸のアドヴァイス通り、明確な反乱鎮圧の意志が示されたのである。

面会の結果を待っていた加藤は帰途を命じられ、「大変手持無沙汰で宮中を退去した」と言われている。また、加藤は当時予備役であったから、このような行為自体が全体としてすべきでなかったと見られたようである（『現代史資料二三』五九七頁）。こうして真崎にとって最も有力な手がかりであった伏見宮を通した最初の暫定内閣工作は潰れた。

次に川島陸相が拝謁。「蹶起趣意書」を読み上げ暫定内閣確立を言上した。青年将校達の「要望事項」には暫定内閣のことはないから、これは明らかに真崎に押された川島が青年将校サイドに傾斜して付け加えたのである。天皇は「陸軍大臣はそういうことまで言わなくてもよかろう。それより叛乱軍を速かに鎮圧する方法を講じるのが先決要件ではないか」という趣旨の返事をした（高宮太平、二八八頁、高橋正衛・一九九四、六六六頁）。

さらに午後になると重臣清浦圭吾が参内した。磯部が一月二十八日頃真崎を訪ね金策を頼んだところ、翌日清浦の秘書森伝から五〇〇円をもらっているように（『二・二六事件・判決』四六〇―一頁）、清浦の秘書森伝はこの頃真崎・磯部と近かったので予め工作が行われていたのである（『二・二六事件・獄中手記』二四四、二六五頁）。

清浦は「今回の事件は軍より起りたる故に軍内より首班を選び処理せし」めたい、「斯《か》くなりしは朕が不徳の致すところとの御沙汰を発せらるる」よう、と言上しようとして拝謁が叶わなかったようだ。詳細は不明だが、磯部は「湯浅、一木に阻止された」としている（『二・二六事件秘録二』三七六頁、『歴史と人物』一八三頁、『真崎甚三郎日記二』三九五頁、『二・二六事件・獄中手記』二六五頁）。

右の予定された言上内容は、事件後森が真崎に語ったものなので（拝謁したことになっている）、厳密に正確なものではないが軍内閣の樹立が構想されており、磯部らが陸軍大臣への要望で軍上層部真崎対抗派を排除しようとしていた目的がうかがえるのである。また、清浦のこうした危険性を天皇周辺が早々と察知して天皇に会わせなかったと見るのが至当であろう。亀川哲也は久原房之助から「清浦伯が憤慨して（熱海に）皈（帰）」ったと聞いている（『二・二六事件秘録一』三二三・三四〇頁）が、こうして重臣中最も皇道派に近かった清浦を通した工作は挫折したのであった。

このように天皇の前に駆けつけた皇族・重臣等は磯部らの上部工作の想定通りに暫定政権成立を進言もしくは進言しようとしたのだが、天皇は木戸のアドヴァイス通りに断り通したのである。

これから述べる軍事参議官会議が開かれる折に、香椎東京警備司令官は本庄繁侍従武官長に「事態の収拾には、新内閣が速かに成立することが肝要」と話し、これに対し本庄も「新内閣の成立を速か成立しむること」と返しており、新内閣の成立が焦点化していた中で意味の大きい天皇の拒絶であった（香椎研一、一一九頁）。

『陸軍大臣より（陸軍大臣告示）』

午後二時頃から宮中で非公式の軍事参議官会議が開かれた。軍事参議官会議は以前からある程度定例的に開かれていたが、天皇の諮問により開かれるのが正式のものなので、諮問なくして開いたのだから非公式のものだということになる。

皇道派の真崎・荒木にとっては、影響力を振るい得る陸軍の正式のポストはこれしかないので、このポストを最大限利用しようとしたものと思われる。

また、この時陸相を補佐していたのが村上啓作《むらかみけいさく》軍事課長なので、村上が具申して行われたのではないかということが疑われ、本庄・香椎が列席したこともものちに問題視されている（『検察秘録二・二六事件四』一五五―六頁）。

この点につき村上は、宮中で最初に真崎に会った時に、軍事参議官会議開催を進言し真崎も賛同したとしつつ、定例の軍事参議官会議が開かれる部屋に軍事参議官が集ったので自然に開かれたと証言している。

会議では、まず香椎が「江戸城明渡しの時の様に（中略）流血の惨を避けて事件を解決しなければならぬ」「逆賊と認むるや否や」「彼等は昭和維新の目的を達するまでは現在の位置から退らぬだろう」と発言。続いて真崎が「叛乱者と認むべからず、討伐不可」と発言。荒木が「直に討伐すること全国騒然として事態収拾困難となる」などと発言した。彼らが青年将校のために非常に尽力していることがわかる。逆に言うとまだ天皇の意向が伝わっていなかったものと思われる。

方針を書くように言われた村上が「反逆として討伐せざる方針にて善後措置を致したし」という文書を書いて川島に提出すると、川島はこれを読み上げたが、植田謙吉や阿部信行が反対。その間、荒木が山下奉文にしきりに口述していたものが出来上がってはかられることになった。だからこれは「大体荒木大将と山下少将とで作り上げた説得案」である（『検察秘録二・二六事件四』一七一―五、一七八―八二頁）。川島陸相も、荒木が提言し、荒木の意図するものを中心にして他の軍事参議官の意見も加えてまとめたものだと言っている（「証人訊問調書証人川島義之」五二頁）。

それが有名な『陸軍大臣より（陸軍大臣告示）』である。

この文書は資料の出所により少しずつ異同があるのだが、軍事参議官会議にいた香椎東京警備司令官が安井藤治警備参謀長に電話伝達したものは以下のようなものである。

一、蹶起の趣旨に就ては　天聴に達せられあり

二、諸子の行動は国体顕現の至情に基くものと認む

三、国体の真姿顕現（弊風をも含む）に就ては恐懼《きょうく》に堪えず

四、各軍事参議官も一致して右の趣旨に依り邁進することを申合わせたり
五、之れ以外は一に　大御心に待つ（北博昭、一一〇頁）

「二」の「行動」は山下軍事調査部長が後から青年将校達に伝えたものでは「真意」となっている。「真意」が最終確定文章なのだが、確定する前に「行動」となっていた方を香椎司令官が安井参謀長に電話で知らせたわけである。

ために内容的に異なる二種類の文書が存在することになり、「行動」と「真意」とでは大分違うということで、かつては謀略説なども飛び交ったのだが、現在の研究ではこのように確定している（これは一九八〇年に刊行された資料で、もうはっきりとしていたことであった〈香椎研一、二三頁〉）。

また、これが近衛師団司令部に電話で伝えられたのが「午前十時五十分」と書いた記録があるため、あらかじめ作られていたのだとする謀略説も唱えられたが、裁判記録の精査から伝えられたのは「三時十五分頃」と確定している。捜査の初期段階の検察側の一部の「見込み」をさらに拡大したところから出てきた謀略説であった。

また、川島陸相も言っている通り、元来これは「反乱軍幹部を説得する」ために作られたものであり、近衛師団や第一師団にまで伝えられたのは、香椎司令官が事態を皇道派に有利に展開しようと考えて行なったことと思われる（「証人訊問調書証人川島義之」五三頁）。

午後四時半ごろ山下軍事調査部長がこの確定したものを陸相官邸で青年将校たちに伝えた。この時、

彼らが喜んだことは事実だが「要望事項」の実現などの具体的成果や大詔渙発を期待していたので喜んだばかりではなかった（『二・二六事件・判決』三二頁、『二・二六事件裁判記録』九六頁）。

また、安藤輝三は、山下が告示を伝えた際「第二項は、陛下も御同意にあらせられると云った」としている（『二・二六事件裁判記録』二九六、三〇三頁）。安藤だけに言ったのかもしれないが、こうした上級将校の発言が、青年将校達が事態のなり行きに希望的観測を抱きやすかった原因ではないかと思われる。

その後、参謀本部員の馬奈木敬信中佐が参謀本部の皇族内閣説を陸相官邸に伝えに来た。満井佐吉中佐や他の少佐もこれを伝えている（『二・二六事件裁判記録』九六頁）。

これは、後の帝国ホテルでの満井の発言からして、具体的には東久邇宮内閣説である。起源ははっきりせず、参謀本部の記録には「（午後二時一五分）石原大佐、皇族内閣案を部局長に具申す」とのみある（『検察秘録二・二六事件四』一五一頁）が、石原は「幕僚間」からこの話が出たので「部局長に取次ぎました処部局長も夫れに対して異存なき様でありました」としている（「第三被告人訊問調書（抄出）被告人満井佐吉」五九頁、「証人訊問調書（抄出）証人石原莞爾」五七頁）。いずれにせよ、かなりの程度参謀本部の多数派の意向であり、現実性があったと思われるが、磯部が「大反対」して潰れている。磯部らはまだ自分らの方に勢いがあると見ていたので一つの機会を逃したわけである（『二・二六事件裁判記録』九六頁）。

午後五時半頃には陸相官邸から参内する山下の自動車に香田・磯部・村中が同乗し宮中に入ろうとして平川門で阻止されるということも起きている（『二・二六事件秘録二』二一三頁、『二・二六事件・判決』三二一頁、『二・二六事件裁判記録』九六頁）。宮中に入り天皇に彼らの意図を伝えたかったことがわかるが、中橋の坂下門警備の目的が青年将校の陸相との参内であったことをうかがわせる出来事である。

この前後に青年将校の後押しを受けて宮中に入った古荘幹郎陸軍次官は、「この際は陸軍大臣が後継内閣についても具体的に上奏されなければなりません」として、川島陸相に再度後継内閣工作を積極化するように進言している（高宮太平、三一七頁、『二・二六事件・判決』三二一頁）。

川島陸相工作・本庄侍従武官長工作の瓦解

そこで川島は閣議の席で「暫定内閣の詮衡《せんこう》を此の内閣にて為したし」と提案したが、他の閣僚から「それは大権の私議となり不可能なり」と拒絶された。それでも、「諸君は叛軍討伐といわれるが、奉勅命令に背いてこそ初めて叛軍というべきである。それまでは行動部隊というのが至当だとしきりに弁疏した」のであった（内田信也、一七五頁）。陸相官邸における青年将校や真崎らの川島陸相と古荘次官への攻勢が相当効いていることがわかる。

この後、後藤文夫首相臨時代理が閣僚の辞表をまとめて天皇に提出したが、天皇は「閣僚宜しく協力一致して時局の安定を計るべし、辞表は暫く預り置く」として辞表の受け取りを保留した（『木戸幸一関係文書』二七四頁)。政治的判断力に欠けていると受け取ってしまう所である。また、天皇がいかに怒っていたとしても、これを天皇が受け取ればたちまち暫定内閣の選考に入り、事態は一挙に反乱軍に有利に傾くのだから木戸の献言がなければ危ういところであったことがよく窺える出来事である。

そこで川島は、今度は本庄侍従武官長を通じて「中間暫定内閣を成立せしめては如何」という意見を天皇に献言した。天皇は広幡忠隆侍従次長を呼び、「1、現在の内閣をして既に時局の収拾を命じ置きたり」「2、中間内閣の如きは絶対に反対なり」という二点を伝えたいがよいかという相談をしている。広幡は、2は「陛下の御沙汰としては少く適当ならざるの感あるを以て、1のみを伝達せしめられ可然奉答」した(『木戸幸一関係文書』二七三頁)。

これは午後九時頃、本庄侍従武官長に伝えられている。この事件における天皇の言行をすべて「超法規的」なもののように叙述したものを見かけることがあるが、見られるように、基本的な方針は内大臣亡き後の実質的内大臣たる木戸内大臣秘書官長によって立てられており、こうした個別的な機会においては、鈴木侍従長が倒れた後の実質的侍従長たる広幡侍従次長に相談をして回答を出していることも忘れられてはならない。

こうして川島陸相は暫定内閣構想を言上して拒否されたため、これ以上は天皇に献言することが出来なくなったし、取り次いで失敗したため本庄侍従武官長ももうこの件を言上することはできなくなった。

川島陸相工作も本庄侍従武官長工作も挫折したことになるわけである。また、これ以後天皇に暫定内閣構想を言上する人物はいなくなるのである。この時点で上部工作のほとんどが失敗したことは明瞭となったわけであり、かなりの程度青年将校の劣勢は濃厚になって来たといわねばならないであろう。

この日の夜、陸相官邸で軍事参議官達と青年将校との会談がもたれているが、この時真崎は、青年将校のシンパで相沢事件の弁護人でもあった満井中佐を別室に呼んで、「宮中で努力してみたが思う様に行かぬ」「彼等をなだめて貰いたい」と、宮中工作の失敗を告げ青年将校の慰留を依頼している(『二・二六事件秘録二』三五一頁)。

さて事態打開のためのこの会談に出席したのは青年将校側では、磯部・村中・香田・栗原・対馬・山本ら、軍事参議官は林・真崎・阿部・荒木・西・植田・寺内であった。

この時の様子について磯部と山本又の記録を紹介しておこう。

磯部によると、植田は「にこにこして香田大尉にどうすればよいか」と言い、林は「始終俯向いて首垂れて居り」、磯部が「林大将を討取る心算」を山下に告げたところ山下から「叱られ」たという(『二・二六事件裁判記録』九七頁)。

山本によると、荒木は「大権私議に亘るべからず」と言い、寺内は「ニコニコしてしきりに同志及磯部の気げん《ママ》を取」り、林は「顔色土の如」く「うつむき頭を上げ得ず」という様子であったという。陸軍が完全に下剋上状態であったことがわかる（なお、荒木の「大権私議」発言は磯部の「行動記」にあるが、村中は否定している〈「村中孝次公判調書」北博昭、一二二―三頁〉。しかし、山本も山口も記しているので発言されたと見てよいであろう〈「山口一太郎第三回被告人訊問調書」〉）。

また、山本は後に言う。

「軍事参議官は（中略）告示を出せし当時の決心、今やうすく、宮中の後藤文夫等の策動に圧せられて後退なり。維新派の将軍、義軍を見すてて退却なり」。「（中略）意気地なくも後退したり、裏切れるなり」。「何故このとき軍事参議官を維新の血祭にせざりしか」（山本又、一三五―六頁）。

結局この会談は何の結論も出ず、青年将校達は軍事参議官達を手放してしまうが、もう真崎らは青年将校を見限っているのだから、実りのないのも当然であった。

さてここで、事件勃発以来、軍中央の施した対策についてまとめて見ておくことにしよう。

陸軍中央の対策

杉山元参謀次長が憲兵司令部に到着したのが午前八時五〇分。参謀本部の各部課長が召集されていたので集った。この時東京に兵力召致の進言があったが採用せず、九時二〇分に参内するが、宮中において作戦班長の岡本清福《おかもときよとみ》中佐、作戦班員の公平匡武少佐からの必要進言があり第一師団の甲府第四九連隊、佐倉第五七連隊の召致が上奏された。結局、習志野の戦車第二連隊も召致されており、また近衛歩兵第四連隊は栃木県金丸原演習場からすでに召致されていた（高宮太平、二九〇―二頁、「証人訊問調書証人川島義之」五二頁、『検察秘録二・二六事件四』一五一―二頁。なお、『検察秘録二・二六事件四』は杉山の参内時刻を一〇時三〇分としているがこれでは少し遅すぎるように思われる）。

午後二時二〇分、杉山は戦時警備令下令の上奏をし、これは二時四五分に允裁された。杉山によると、この頃に荒木か真崎が「維新部隊」を「警備に充つる如く取扱う」ことを「意見開陳」したという（高宮太平、二九三頁）。このあたりも、荒木・真崎は青年将校に有利に事態が進むよう尽力しているわけである。

午後三時に香椎司令官は第一師団管区内に戦時警備令を下令した。この時蹶起部隊は堀丈夫《ほりたけお》第一師団長の隷下に収まった。後、午後七時二〇分には小藤恵《こふじさとし》歩兵第一連隊長指揮下に入る。麹町地区警備隊である（戒作命第七号による）。正式の統帥下に入ったのだから反乱軍ではないことになるが、これらは事件後すべて鎮圧のための謀略だったということになる。

午後四時過ぎ、杉山はさらに宇都宮に師団司令部のある第一四師団の歩兵三大隊、工兵一中隊の派遣の允裁を願い出、午後四時三〇分に裁可が参謀本部に伝わっている（高宮太平、二九五頁、『検察秘録二・二六事件四』一五二頁）。

時刻は特定できないのだが、夕刻古荘次官が宮中に入った後、「戦時警備令だけでは不十分」であり「警察、通信、集会その他行政権を掌握するという便利」があるということで、杉山参謀次長は戒厳令の要請を行い、午後八時四〇分閣議決定、一二時前枢密院可決、二十七日午前一時二〇分天皇裁可となり、午前二時五〇分に戒厳令の一部を適用する緊急勅令が公布された（高宮太平、二九七頁、北博昭、一二三頁）。

午前一時二〇分に戒厳司令部の編制等を裁可する際、天皇は「徹底的に始末せよ、戒厳令を悪用することなかれ」と言っている（高宮太平、二九七頁）。前者は朝以来の方針だが、厳しいものであり、後者は軍に対するかなり不信感のこもった発言である。

戒厳令が出たが、蹶起部隊は小藤指揮下のままであるから戒厳部隊となったわけである。反乱部隊と戒厳部隊が対峙するという構造になったわけではない。これは青年将校達の喜ぶところであった。

蹶起部隊に加わった山本は言う。

戒厳命令を以て、蹶起部隊を戒厳部隊に編入せらる。このときは出動部隊と称せらる。小藤大佐の指揮なり。しめしめたり。しめたり。戒厳部隊に入る。参謀総長の宮殿下の直属なり。天皇陛下の直下なり（山本又、一三九頁）。

この戒厳令が下令される前に参謀本部関係者の間では、強硬解決実施前に「大命を拝する」必要があるのでそのための事務的準備をしておくことになった。そして、二十七日になり、「大命を拝し、以て戒厳司令官の決意を鞏固ならしむる」べく、午前八時五二分に杉山次長は参内して大命の允裁を

30――戒厳司令部が置かれた軍人会館

仰ぎ、これを戒厳司令官に伝えた。

先取りして述べておくと、この時は、その実行は総長に任せることになっていたが、二十七日の夜になると戒厳司令部と参謀本部との間で二十八日午前五時を実行の日時とすることが決められる。そして実際二十八日午前五時に出されるのが、蹶起部隊の原隊復帰を命じた有名な奉勅命令＝「臨変参命第三号」である。従って、戒厳令が出た頃には、彼らの原隊復帰を命ずる奉勅命令の準備がもう始まっていたのである。

3　石原莞爾の動き

石原莞爾と二・二六事件

さて、こうしてほとんどの上部工作の失敗が明らかとなった後、残されたクーデター成功の可能性は軍内の中堅幕僚クラスから起死回生のプランが提起され、それに上層部が動かされることであった。それが、参謀本部作戦課長兼戒厳司令部参謀部第二課長石原莞爾大佐をめぐる動きであった。

この事件と石原の関わりについては、磯部の「行動記」に、二十六日朝陸相官邸で傲然《ごうぜん》とした石原大佐が「「言うことをきかねば軍旗をもってきて討つ」と断言」したという記述があったこともあり、かつては「傲然」としていたように見られていた。

しかし、早くに筆者が真崎と橋本欣五郎・石原の間に近接関係が構築されつつあったことを明らかにし、その後、北博昭氏も裁判資料に基いてかなり違ったイメージを明瞭に出しており（北博昭、一〇〇頁）、最近刊行された山本又資料で一層この点がはっきりしてきた。

二十六日朝、陸相官邸前に現われた石原は「このままではみっともない、君等の云う事をきく」と山本に言っており、官邸内で磯部・村中・香田にはっきりと「まけた」と言っているのである。磯部が片倉衷少佐を撃った際の「白雪の鮮血を見驚いて」、「誰をやったんだ、誰をやったんだ」と叫んだ石原に、山本が「片倉少佐」と答えると「驚き黙然たり」という（山本又、一二五―六頁）。こうした言動から見て、石原は青年将校達の行動と決意に強烈なショックを受けたと見て間違いない。

31―石原莞爾

磯部による古荘幹郎次官への短刀での威圧もあって、陸軍省の職員を軍人会館に集める命令が出された時に、石原はこれに賛同し、参謀本部職員は偕行社に集るよう命令を出している。山本はこれを「容易ならざる英断なり。陸軍の最中枢たる参謀本部、陸軍省を蹶起部隊にゆだね、別処に集合するとは城明渡しなり。この勇断を両官に感謝すると共に同志将校の志気けんこーたり」（山本又、一二七頁）と激賞している。こうして石原は青年将校のために相当尽力することになるのである。

具体的には、陸相官邸で山口一太郎大尉と話した時、二人で「後継内閣」について相談し、山口が柳川平助中将を推したのに対し、石原は板垣征四郎少将を陸相に推している。ショックを受けた石原は早くから青年将校に有利な新内閣のことを考え始めていたのである。

帝国ホテル会談

二十六日夜の青年将校と軍事参議官との交渉の最中に野戦重砲第二連隊長橋本欣五郎大佐が陸相官邸に現れ、村中の意見を聴取、その後二十七日午前一時頃帝国ホテルで石原・満井中佐との三者で事態の収拾につき会談が行われた。真崎のかねてからの石原も巻き込んだ橋本包摂工作がこういう形で芽を吹いたのである。

石原・橋本・満井の三人で相談した結果、〝石原を通して天皇に反乱軍将兵の大赦を奏上、これを条件に反乱軍は撤退し、その上で軍の力で革新政権を作る。その際の方針は、①国体の明徴、②国防の強化、③国民生活の安定とする〟というプランが出来上がった。首相には、石原は東久邇宮、橋本は建川美次、満井は真崎を推したが、結局山本英輔海軍大将が擬され、陸相は板垣征四郎ということになった。

石原・橋本が帰った後、満井は午前二時か三時頃に、早朝真崎大将に蹶起を伝えるなどした政治浪人亀川哲也を呼びこれを伝えた。この際、「宮中の御思召《おんおぼしめし》は必ずしも蹶起将校等に取り、有利ならざる趣」も伝えられている（『二・二六事件・判決』二三七―八、二五〇―一、四三七―八、四四〇―一頁）。

その後村中も呼ばれ、亀川からホールの衝立の陰に招かれ「御上の思召も宜しからず、且参謀本部、陸軍省方面を長く占拠しあるは不利なりとて、極めて悲観的情勢」が伝えられ撤退が勧められた。満井も村中に撤退を勧めた。村中は「新議事堂まで引揚げ様」と言ったが、満井は「歩兵第一連隊まで引揚げて呉れ」と言い、村中は「其の様に骨折って見様」と言い（『二・二六事件裁判記録』四五頁ほか）、「蹶起部隊を小藤部隊として、戒厳司令官の隷下に入れ、現位置を守備する様配慮あり度希望」した（すでに小藤の指揮下に入っているので、〝いっそう正式に〟という意味であろう）。

満井は憲兵司令部に行きこれを石原に伝え、「小藤部隊として歩一に引上げさせ戒厳司令官の隷下に入れ」、「維新内閣が急に実現せぬならば」前記三項目を含む「御勅語の御渙発」をと依頼した。そこで石原はこれを杉山元参謀次長に取り次いだ。杉山は一旦は拒絶したが、結局石原により右の趣旨が起案され、杉山ら参謀本部首脳の諒解の下、陸軍省人事局長後宮《うしろく》淳《じゅん》少将が参内、これを川島陸相に伝えた。

その後の経緯ははっきりしないのだが、石原は「其の後内閣に持出された際一蹴せられた様でありますす」と証言しているので川島から閣議に提議されて否決された可能性が高い（「証人訊問調書（抄出）証人石原莞爾」五四―八頁、「第三被告人訊問調書（抄出）被告人満井佐吉」五八―六〇頁）。これを閣議に持ち出しても否定されるのは当然だし、川島としてもすでに後継内閣のことは二十六日夜に本庄侍従武官長を通して拒絶されているので上奏はしにくかったのであろう。

しかし、元来天皇への上奏プランであり、青年将校側の撤兵の約束が入っている陸軍上層部が納得したプランである。最後は「維新内閣」もあきらめているのである。大赦や山本内閣などはありえないが、抽象的な三項目ぐらいなら流血を避けうる穏便な解決策として十分成功する可能性もあったプランであったといえよう〈なお石原は、この会談前の二十六日午後一一時頃に憲兵司令部で満井に会い、帝国ホテルで決まったことと同じような満井のプランを部局長に取り次ぎ、賛意を得たとしている〈「証人訊問調書（抄出）証人石原莞爾」五六―七頁〉。しかし、満井の側にこうした証言がなく、前後の事情、証言の様子からしてありえず、判決も採用していない〈『二・二六事件・判決』二四七頁、「第三被告人訊問調書（抄出）被告人満井佐吉」五八―六〇頁〉。一方、橋本の方が後年、帝国ホテルプランに近いことを憲兵司令部で石原に献言し、石原が採用し、杉山次長に献言、「了解」されたとしている〈田々宮英太郎・一九七四、一六三頁〉。石原は訊問の際、満井と橋本を勘違いしているのではないだろうか。帝国ホテル会談後に会談内容が参謀本部ですぐに受け入れられた伏線としてこうした事態があったとするほうが自然である〉。

一方、青年将校側では、陸相官邸に集まり村中の持ち帰った撤退案を協議した。帝国ホテルのプランがどのように伝わったのかははっきりしないところがあるが、磯部によると、これに対して意見は「硬軟両論に岐れました」（『二・二六事件裁判記録』一〇一頁）という。そして、磯部自身は「未だ討洩した不純分子が残って居るのに」撤退はできないと反対したのであった（『二・二六事件裁判記録』一〇一頁）。

結局、村中の撤退論に賛成したのは野中・対馬・香田に留まった。そして、陸軍省・参謀本部からは撤退し、首相官邸・議事堂付近に布陣するという占拠地の縮小ということに決したのである。結果として村中の説得を他の青年将校たちは聞き入れないことになったともいえる。従ってこのプランは結局両方で頓挫したのであった（『二・二六事件裁判記録』四五、一三五頁、高橋正衛・一九九四、九〇―二頁、田々宮英太郎・一九八二、二〇六頁、『二・二六事件秘録一』五〇三頁、高宮太平、三〇一―二頁、『歴史と人物』一八七頁、『二・二六事件研究資料一』六九頁）。

ただ、この線での解決プランが、青年将校達にとって何らかの有利な解決がもたらされる唯一の可能性として残ったということになる。

4　二十七日の情勢

真崎への一任案

村中の持ち帰った撤退案をめぐって村中らと対立した磯部は、二十七日午前中に栗原安秀の首相官邸占拠部隊を以って、軍人会館・偕行社にいる陸軍省・参謀本部の幕僚を襲撃することを考え、栗原に「出撃の機会と方法を考えて置く様」伝えた。

事態が膠着しつつある中、陸軍省・参謀本部の幕僚の策動を警戒した思い切った局面転換プランだが、村中による説得もあり、栗原は林少尉を使者として送り「今は戒厳部隊であるから勝手に出撃は出来ぬ」という説得的な否定理由を伝えた（『二・二六事件裁判記録』一〇三頁、「磯部浅一訊問調書」「西田税第六回聴取書」）。なお、池田俊彦少尉は、磯部と栗原が直接面会して、同趣旨のやり取りがあったことを伝えて、この態度の相違の原因を、部下のいる現役軍人の栗原と民間人だけに自由度が高く破壊性の強かった磯部の違いとしているがこれは事件全体にいえることであろう（なお、この出来事を池田は二十八日のこととしているが二十七日の勘違いである〈池田俊彦、六五―六頁〉）。

その後、小康状態、手詰まり状態の中、前夜来北一輝邸にいてこの日の朝から一旦離れていた西田税が、昼頃に再び北邸に現われた。事件勃発後、北は青年将校に激励の電話をしつつも詳細な事情はわからないままだったのだが、そこへ初めて西田が情報をもたらしたのである。それは、青年将校の行動は予め真崎・荒木・小畑・満井ら皇道派幹部と何の連絡打ち合わせもなかったことが北に初めて知らされる機会となった。

北は「「しまった」と思いました　為めに暫く次の言葉が出ず無言で居りました。其時私は斯《かか》る大事件を起すに縦の連絡なくして事を起したのでは駄目だと深く感じました」という（「北一輝第五回聴取書」東京憲兵隊本部）。

そこで北は、真崎を首相にすることを青年将校の一致した意見とした上で軍事参議官の同意を求め、両者の一致した意見として真崎首相を望めば「組閣命令も発せられるかもしれない」と考え、二十七日昼過ぎに首相官邸に電話した。軍人会館・偕行社襲撃をあきらめきれず栗原を説得すべく首相官邸を訪れた磯部にこのことが伝えられた。その際、まず西田から磯部に「人無し勇将真崎在り　国家正義軍の為め号令し　正義軍速に一任せよ」という北の「霊感」が伝えられ、北自身も電話に出たのだった。

ここに「部隊を如何すべきかに付大変迷って居りました」という村中が来合わせ、村中も「北の霊感」に頼ることになった。その際、「一任」の中身を確認することになり、磯部が再度北に電話して自分たちの身柄の一任ではなく、「時局の収拾」の一任であることを確認した（『二・二六事件裁判記録』一〇一頁、『二・二六事件・判決』四三〇―一頁）。

香田・栗原もこれに賛同し、これが小藤恵・鈴木貞一を通して香椎浩平戒厳司令官に伝えられた。これに対し、香椎は杉山参謀次長の了解も得て、偕行社にいた真崎に青年将校との会見説得を依頼した。その際、香椎は真崎に、青年将校たちも「今は頼る人もなく心淋しくなって居るので」「充分甘えるがよいと云っておいたから」と言っている（以上は、「北一輝第五回聴取書」「磯部浅一証人訊問調書」「村中孝次証人訊問調書」「香田清貞第三回被告人訊問調書」「二・二六事件に関し阿部大将の陳述に関する件報告」）。

その後、軍事参議官全員に来てもらいたいという青年将校側の要求もあり、真崎一人でなく阿部信行・西義一も同行することになった。会見は午後四時頃から始まっており、資料により中味の違いがあるのだが、居合わせた山口によれば、青年将校側は「一切を挙げて真崎大将に一任致します」と言ったのに対して、真崎大将は「一旦任したとなったならば如何様な結果になろうとも所属連隊長の言う事をよく聞て其の通りに行動しなければならぬ」「君達が異存を言って錦の御旗に弓を引く様な事になれば俺も仕方が無いから涙を振って君達を討伐しなければならぬ」と言ったという（「山口一太郎第三回被告人訊問調書」）。

また、同席した阿部は、野中四郎が「真崎閣下に此時局の収拾に当って頂き度い」「真崎大将を立つることを両大将より他の軍事参議官へも御伝え願いたい尚此事は天聴《てんちょう》に達する様御取計《おとりはから》われ度」と言ったとしている。真崎の回答内容については阿部も山口証言とほぼ同じである（「二・二六事件に関し阿部大将の陳述に関する件報告」。『二・二六事件・判決』三二、四六三頁も大体阿部陳述と同じ内容になっている）。

なお、山口は、「義軍」であることを軍事参議官会議で決めて新聞に発表するよう要求したところ、阿部が「努力はして見るが手続上の問題で実現出来るか（中略）疑わしく思う」と言ったとも証言している。

この後、別室で山口が真崎に、さっきの発言は「原隊に帰れと云う意味ではない」ことなどを確認して青年将校達に伝え、これに対し野中が「お話の精神は良く分かりました」「小藤大佐の命令通り動きます」ということを三人に伝えて会見は終わったのである（「山口一太郎第三回被告人訊問調書」『検察秘録二・二六事件四』五七頁）。

磯部は、臨席した鈴木貞一に「義軍であるかどうか明瞭にして貰い度い」と問うて、戒厳部隊になっているのだから「義軍に相違ない」と答えられ「不安も消えました」という（『二・二六事件裁判記録』一〇二頁）。山口の発言といい、青年将校側の懐疑心も相当強くなっていたのである。

この後、「三人の軍事参議官は何《いず》れ追て其返事をすると云って（中略）引揚げて皈《かえ》った」ので青年将校側は「翌二八日は其返事のみを待って」いるという状態となったと、北などは理解していた（「北一輝第五回聴取書」）。

青年将校らの楽観

一方、野中から「確実に隊長の指揮の下に行動をして居ます連日の疲労の為めに速急行動は困難なれば今夜は休ませて頂きたい」とも聞いた阿部・真崎らは偕行社に戻って夕食を済ませた後、宮中に行き本庄繁侍従武官長・朝香宮・東久邇宮らに会った後、今度は憲兵司令部に呼ばれ陸軍省・参謀本部の局長・課長らが参集している所で会見の様子を伝えている。

そして、憲兵司令部に行く前後に、会見に居合わせなかった「栗原外（ほか）一名」（安藤と思われる）も「隊長の指揮下に入り」今夜休息後明日は「小藤大佐の指揮下に行動する旨」の連絡を受け

「自邸へ安心して帰りました」ということになったのである（「二・二六事件に関し阿部大将の陳述に関する件報告」、『検察秘録二・二六事件四』五七頁。ただ『二・二六事件・判決』の青年将校描写はそれほど楽観的ではなく、青年将校達は「現位置を撤去するの必要を説示せられ、一応は之を諒解せるも撤去意思を確定するに至らず」〈三二一─三頁〉とある）。

ともあれこうしてこの日の夜、蹶起部隊は首相・鉄相・農相・文相各官邸、幸楽、山王ホテル等に宿泊した。事態を楽観視していた青年将校も少なくない。

二十七日は未だ其の結果は見えぬが私共の希望は大体通りつつあると云う考えから安心して午後十二時から午前四時頃まで寝ました（香田清貞、『二・二六事件裁判記録』一三七─八頁）

私はすっかり安心して今晩は十分休養し度いと思い農相官邸に行き（中略）宿営しました（磯部浅一、『二・二六事件裁判記録』一〇三頁）。

とりわけ、栗原に至っては、香田ら「有力な将校」を戒厳司令部の幕僚に起用するよう主張するのであった（『二・二六事件裁判記録』一八三頁、『歴史と人物』一八七頁）。

ただ一方では、夜半に首相官邸にいる部隊を攻撃するという電話がかかったり、鎮圧部隊が安藤隊に対し敵対行為に出たという情報が流れて青年将校側も警戒を厳重にするなどのことも起きてはいる（『二・二六事件裁判記録』二三〇頁、「山口第三回被告人訊問調書」）。

5　流血か大詔か──香椎戒厳司令官の上奏案

原隊復帰命令

既述のように、二十七日午前八時五二分に杉山元参謀次長は参内して「原隊復帰命令」の允裁を得ており、その実行は総長に任せることになっていたが、二十七日の夜になると戒厳司令部と参謀本部との間で二十八日午前五時に実行することが決められた。この時点でこう決められた原因は特定されていないが、すでに天皇の意向は杉山次長がつかんでいるという視点からすると当然のことであり天皇からはこれでも遅いと見られていたかも知れない。

そして実際二十八日午前五時八分に出されたのが「臨変参命第三号」である。

臨変参命第三号

命　令

戒厳司令官は三宅坂附近を占拠しある将校以下をして速に現姿勢を撤し各所属師団長の隷下に復帰せしむべし

昭和十一年二月二十八日

奉勅　　参謀総長載仁親王

戒厳司令官香椎浩平殿

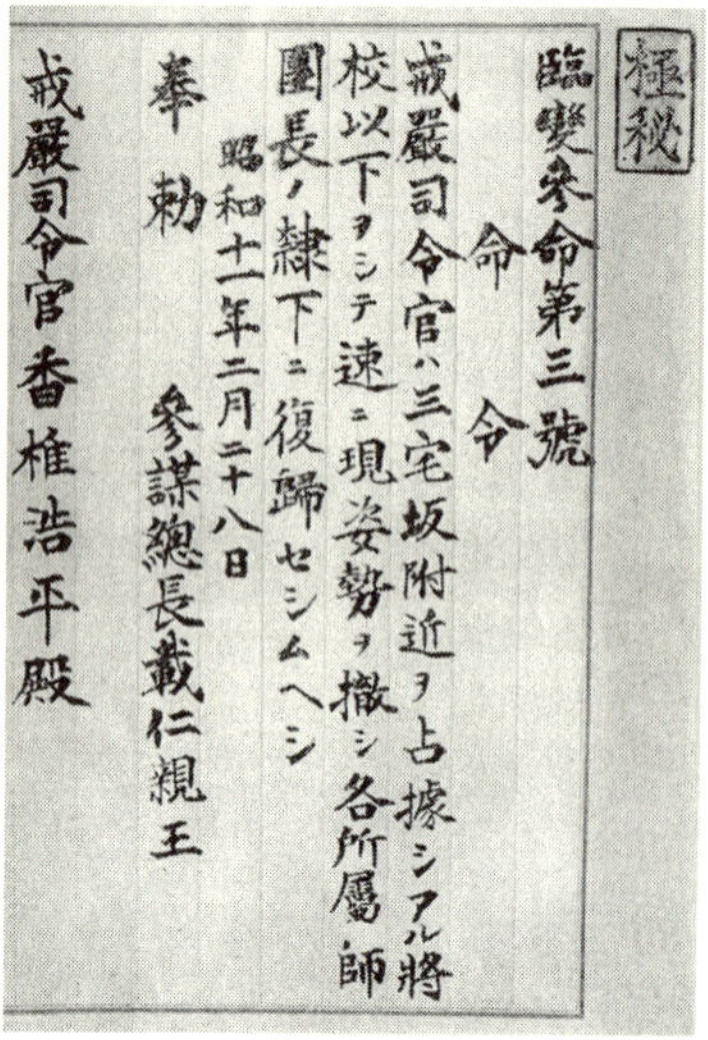

極秘
臨變參命第三號
命令
戒嚴司令官ハ三宅坂附近ヲ占據シアル將校以下ヲシテ速ニ現姿勢ヲ撤シ各所屬師團長ノ隷下ニ復歸セシムヘシ
奉勅
昭和十一年二月二十八日　參謀總長載仁親王
戒嚴司令官香椎浩平殿

32―原隊復帰命令

二十八日午前〇時頃から、山口一太郎・松平紹光・柴有時の「別格（昭和維新運動に同情的でありながら年長のため運動に加わらない彼らはそう呼ばれていた）」三人組大尉は、彼等の認識として、折角青年将校達が小藤恵大佐の命に従っておとなしくしているのに五時を期して奉勅命令が出るのでは事態を悪化させるだけだと考え動き回り、最終的に三時頃に、山口が戒厳司令部で香椎司令官に奉勅命令の無期延期を進言した。

安井藤治・石原も同席、小藤・鈴木貞一・柴も同じようなことを進言した。しかし香椎は「よく判ったよく判った」と繰り返すだけでこれを許容しなかった（「山口第四回被告人訊問調書」、『二・二六事件・判決』一八五―六頁、香椎研一、二二一―五頁）。

午前七時頃近歩三第七中隊長代理で首相官邸にいた中橋基明に対し、近歩三連隊長園山光蔵大佐から連隊命令として歩一兵営付近に集結すべく小藤の指揮に入るよう電話通達があった。戒厳司令官の勅命を奉じての命によるという。そしてこれは栗原安秀のいる首相官邸にも伝達されている（「中橋公判調書」、近衛歩兵第三連隊長園山光蔵「被告事件に関する回答」）。これが蹶起部隊に奉勅命令の出たことが知られた最初であると見られる。

一方、五時半に香椎戒厳司令官は、堀丈夫第一師団長に小藤をして「占拠」部隊を撤収させるよう発令した。堀はこれを受けて六時半に小藤に指揮下の蹶起部隊に撤去命令を出し、さらに奉勅命令を伝達するよう命じた。

これが八時頃に第一師団参謀平田《ひらた》正判《まさちか》中佐により陸相官邸にいた小藤にもたらされた。そこに事態を知った村中らが現われ「何かの間違いであろう」と「激昂して」、小藤に抗議した。村中らの興奮した様子を見た小藤は伝達をあきらめ保留することにし、その旨堀第一師団長に復命した（「村中孝次公判調書」、『二・二六事件・判決』五八頁）。青年将校側からすると、三軍事参議官との会見の結末の様子からしていきなり撤退の奉勅命令が出るわけがないということになる。小藤もこの間の事情を大体知っているわけだから師団長に「先ず彼等を沈静させる必要あり且彼等の面目を立てさせてやる為」の「方法」を「上司に於て」講じるよう進言したわけである（「小藤恵憲兵聴取書」北博昭、一三一―四〇頁）。

満井・石原・香椎の「維新」進言と挫折

また、村中は陸相官邸に来合せた満井中佐に、蹶起部隊の現位置占有が「維新に入る前提」であり「全国に維新の機運を作ることになる」という意志を上司に伝達するよう依頼した。これに対し満井は「昨日来石原大佐とも奔走し今詔勅が下る一歩手前まで来て居るのだ」、「骨折って見る」と答えた（『二・二六事件裁判記録』四九頁、『二・二六事件・判決』二三八頁。なお『二・二六事件裁判記録』では村中が満井に会ったのは「鉄相官邸へ帰って来る途中」となっているが「陸相官邸」とする満井の『二・二六事件・判決』文を採った。また『二・二六事件・判決』ではこの時刻が「七時頃」となっている）。

満井は、午前四時に戒厳司令部から蹶起部隊の説得を頼まれており、この発言には腹案があったものと思われる。

この後、満井は九時ごろに戒厳司令部に戻る。そして、香椎戒厳司令官、安井戒厳参謀長、古荘陸軍次官、杉山参謀次長、林・荒木・寺内各軍事参議官ら軍首脳を前にして以下のようなことを説いた。

維新部隊は現位置にての大詔渙発を念願しており、「維新の精神」が抑圧された場合は「死を覚悟」しており結束は固い。全国の諸部隊に同調者も多いと見られ、これを断固として討つと「全軍全国的に相当の混乱起らざるやを憂慮す」。この混乱を防ぐには、「維新の大御心の渙発を仰ぐ」ことが必要でありそのための強力内閣を奏請しなければならない。これが至急には無理なのであれば、軍が「奉行」し、①建国精神の明徴、②国民生活の安定、③国防の充実という三点を最高方針とする大詔渙発を仰ぐべきである（『二・二六事件・判決』二三八―九頁）。

石原も、香椎戒厳司令官に、前記三項目を要綱とする昭和維新の聖勅奏請を進言した。こうして、満井と軍事参議官が退席し川島陸相が来合わせたところで、石原起案の上奏案を香椎戒厳司令官は提議した。それは昭和維新へ進む道は遅々としているが、占拠将校はその端緒を見るまでは君国に殉ずるの決心を堅持している。奉勅命令を実行すれば皇軍相撃となり一般市民、外国人にも死傷者の出る大不祥事となる。しかし、もし昭和維新発進の聖旨を拝することができれば、流血なく事態を完全に収拾しうるのであるから「謹みて聖断を仰ぎ奉る」というものであった（香椎研一、六〇―一頁）。

これは戒厳司令官の提言としてはかなり思い切ったものであった。「流血か大詔か」というのであるからこれを上奏されれば天皇もかなり抗しにくかったであろう。「大詔」によって「流血」を避けることができるのであればというのは陥りやすい心裡である。

しかし、杉山参謀次長がまず反対し、川島陸相も反対したので香椎もこの上奏案を断念し「決心変更、討伐を断行せん」と言明した。青年将校サイドもしくは満井からすれば香椎のもう一押しが足りないということになるが、杉山・川島からすると天皇を苦しめるわけにはいかないということであろう。

なお、三項目の中身は、ほとんど帝国ホテルプランの再現であったことは明白であり、石原がこのプランを現実化しようと非常に青年将校寄りで動いていることは注目すべきことである。

付随して述べておくと、石原がこの点に力を入れていたことは以下のことからも確認できる。この頃、磯部が戒厳司令部を訪れ石原・満井に会っているのだが、陸相と司令官が会見中ということで待たされている。そして「司令官に石原大佐と満井中佐が強硬に話した処」で会ったというから、それは上記の件の直後となる。磯部によれば、石原・満井は磯部に握手を求め「君等の意思はよく判って居る。君等の悪い様にはせぬ。此処は男と男の腹と腹ではないか。俺に委せて撤退して呉れと云いました」（『二・二六事件裁判記録』一〇五頁）というのである。石原はこの時点でもなお「君等の悪い様にはせぬ」と言っているのである（磯部は「が、私は石原大佐の腹が判らないので腹と腹と云われても問題にならぬと云いました」という）。

これが撤退説得のための虚言でなかったことは、鎮圧後に分かった。すなわち、事件後の三月二日に木戸幸一内大臣秘書官長にもたらされた「陸軍の意向」はほぼ①国体の明徴、②国防の強化、③国民生活の安定の三点であり、首相候補者に山本英輔の名も出ているので、石原の意向が強く働いていると見られるのである（筒井清忠・二〇〇七、一頁）。そして、二・二六事件後にできた広田内閣の七大国策に「国民生活の安定」と「国防の強化」が入っているので、これも当時参謀本部で強い影響力を持っていた石原の力によるものと見られる。石原は（実質的内容はともかく）こういう形で帝国ホテルプランを活かしたのであった。

ともあれ、こうして新内閣確立、大詔渙発の可能性のある最後の機会は去ったのだった。

6　自決か抗戦か

最後の説得工作

同じ頃、村中は陸相官邸で山口一太郎大尉から戒厳司令部の空気が悪化し止めようがない状態であることを聞いた。そこで、村中・香田・対馬・竹島継夫は一〇時頃、小藤・山口らと共に、第一師団司令部に行って堀丈夫第一師団長らに奉勅命令につきまだ下令がないことを聞き糺し、また下令しないように依頼した。また、戒厳司令部から師団へ〃奉勅命令は実施時機ではない〃旨連絡があったということを山口を通して聞いた。これで村中らは「幾分安心して陸相官邸」に戻ったのだった。堀らの言のうち、奉勅命令が下令されていないということについて、堀は明言していないと裁判で言っているが定かではない。「実行延期」については九時に師団司令部に来た戒厳司令部の参謀が、下達の徹底していないことを知ったと証言しているので真実であろう（『二・二六事件裁判記録』五〇、一三八、四六四頁）。

そして、堀は、青年将校達のためにさらに力を尽すのであり、その後戒厳司令部に呼ばれた際には、香椎戒厳司令官に奉勅命令による処理は適当でなく、「血を見ずして治まる様」、青年将校達の希望の「一端にても実現を見る様善処」を説いている（『二・二六事件裁判記録』四六四—五頁）。

香椎はこれを聞き、奉勅命令の実施を延期させる。前述のように「決心変更、討伐を断行せん」と言っていたのだから、また変更したのである。「決心変更、討伐を断行せん」という香椎の言を聞いた杉山参謀次長は一一時には参内して本庄侍従武官長に兵力使用を決定したことを告げていたのであったが（高宮太平、三〇四頁）。

その後村中らが陸相官邸に戻ったところ、山下奉文が来た（時刻は判決文では一一時頃）。山下は一〇時半頃に陸相から戒厳司令部に呼び出され、最後の説得を依頼されていた。村中・磯部・野中・香田・栗原らに、山下は奉勅命令の実施が確実に近いが「下ったらどうするか」と聞き、撤退を勧めた。栗原はじめ一同は泣いたが、栗原は「今一歩と云う所で斯様になったことが残念で堪えず」、「腹を切るというて悔し泣きをしたのです」という。

そして、栗原が「もう一度統帥系統を経て勅命を仰ぎ度い、若し私共に死を賜ると云うのであれば侍従武官の差遣を頂いて自決します。之に依って下士官兵丈けは救ってやって頂き度き旨」述べた。栗原は「志士の最後を遂げては如何ということを其の場で同志等に話しましたところ皆同意されました」とも言っている（『二・二六事件裁判記録』五〇、一七九―八〇頁）。

感激した立ち会いの小藤恵・鈴木貞一・山口が涙を浮かべて村中らに握手を求め、山口は「私共は陛下の御命令に服従します」と筆で白紙に書いたものを掲げ「君達の心情はこの通りか」と聞いたので、「そうだ」と答えると、山口は「青年将校は純情だなあ」と言った。そこへ堀第一師団長が来たので栗原が同じことを伝えた。

栗原によると「もう一度どうかならんかと宮中参内を思い立った」という風の山下は、川島陸相とともに宮中に赴き本庄に勅使差遣方依頼するが、「陛下には、非常なるご不満にて、自決するならば勝手になすべく、此《かく》の如きものに勅使抔《など》以ての外なり」と拒絶した（『二・二六事件裁判記録』五〇―

一、一八〇、四六五頁、『本庄繁日記』二七八頁）。

抗戦への決意

一方、村中と香田で、〝統帥系統を通し勅命を仰ぎ自決することになった〟ということを各部隊に伝えにまわったが、すでに陸相官邸にいた清原康平《きよはらこうへい》から事態を聞いていた安藤は「軍上層部が私共を自決させ夫れを踏台にして行こうと考えて居るものと思い憤慨」（『二・二六事件裁判記録』二九八頁）しており、かつ鎮圧軍と一触即発状態のため、村中らは伝達もできず「暫く待って呉れ」と伝えるので精一杯であった。安藤は意図的に行ったことであり「村中氏等の説得に対しても隙を与えなかった」と言っている（『二・二六事件裁判記録』二九八頁）。

なお、安藤は陸相官邸での将軍たちとの会見等にあまり出ていないが、これは上部工作は磯部らの担当だという意識とともに、「私は今度の参加の当初に時期尚早論を唱えた関係上肩身の狭い思をして居た」ということがあるのだが、この点は後述する（『二・二六事件裁判記録』二九七頁）。

村中が陸相官邸に戻り、磯部・（栗原）と意見交換したところ、「もう一度統帥系統を以て奉勅命令を下されるならば」というのが主眼であって自決には「重きを置いていない」という点で同一意見であった。そこで、村中は、磯部・栗原に安藤隊の状況を話し、包囲軍が攻撃してくるなら「応戦して死のう」と言った。野中を呼び相談したが、野中も攻撃を受けるなら「応戦して死し、屍の上に維新を建設するより外あるまい」と言った（『二・二六事件裁判記録』五一頁、『二・二六事件・判決』五八―六〇頁）。こうして自決は翻意、もしくは正確な理解に変更したのである。

野中が帰った後の午後三時くらいに陸相官邸に北一輝から電話がかかり村中が出ると、「君達は奉勅命令に依って脅かされて居る様であるが、君達は大権干犯、国体破壊の国賊を討取ったのであって正義を為したるものである。奉勅命令等と云っても結局は幕僚達が勝手にやって居ることとも考えられるから注意せよ」と言った。村中は「趣意はよく判りました。出来る丈けやります」と返事した（『二・二六事件裁判記録』五一―二頁。なお、別の資料〈『二・二六事件・判決』四三二頁〉ではもう少し北の言葉が強くなっており、「自決は最後の問題」「（奉勅命令の）真偽を確める必要がある」「一度蹶起したる以上」「目的を貫徹すべく」「（上部）工作を為すべき余地もある」「愈々《いよいよ》窮したる時、最後に自《じ》刃《じん》するということにせねばならぬ」とある。いずれにせよこの電話に関する事実は上記のようなものであり、「そのとき（電話がかかってきた時）、もはや討ち死にのほかなしと覚悟しておりました」〈『村中孝次証人尋問調書第二七問答』〉というのだから、この電話は彼らの決意に関係なく、北も、村中らは「生返事をして要領を得ないようであった」と述べているのである〈『北一輝第二回尋問調書第二問答』〉。これを判決が「（北が）指導した」ことにしているのは全く誤った事実認定であった）。

（鎮圧側から見た）彼等の翻意は、堀・香椎に伝わってきた。香椎は、兵を帰し将校は自決と聞いて「果《か》然《ぜん》愁眉《しゅうび》を開く」と喜んでいたので、「最《も》早《はや》、彼等は人間にあらず」と激怒し、「徹底的に叩き付ける外なし」と「決心」する（香椎研一、六四―五頁）。午後四時に戒厳司令部は武力鎮圧を表明、午後六時に蹶起部隊への小藤の指揮権を解除、午後一一時に二十九日午前五時以後に攻撃を開始しうる準備を命じた（北博昭、一四六頁）。

一方、「翻意」した後、二十八日夕刻に議事堂付近を歩いていた村中は堀第一師団長に会い「お前等は何故決心を翻したか」と言われることになったが、村中はこれに対し「初めから奉勅命令が出れば之に従う考えで居るのに、包囲軍から攻撃して来ると云うので之に応戦して死のうと皆云って居ります」「最後まで断乎として遣ることに一決しました」と答えている（『二・二六事件裁判記録』五二、四六六頁）。

こうして二十八日夜から二十九日にかけて、栗原部隊は首相官邸、野中部隊は新国会議事堂、坂井・清原部隊は陸軍省・参謀本部を含む三宅坂、安藤・丹生部隊は山王ホテルに布陣して包囲軍を迎え撃つ情勢となった。

V　二・二六事件の終焉

33──「勅命下る軍旗に手向うな」アドヴァルーン
鎮圧側は，ラジオ・ビラなど鎮圧のために様々な手段を用いたが，当時広く広告に使用されていたアドヴァルーンを用いたことは名高い．当時の田村町交差点（現西新橋交差点）近くの飛行会館の屋上に掲げられた．

1 鎮　圧

勅命下る軍旗に手向うな

二十九日午前〇時、安井藤治戒厳司令部参謀長は攻撃開始を午前九時と下達。永田町・虎ノ門・有楽町一帯の住民には五時半からの退避命令が出された。八時頃から「下士官兵に告ぐ」という有名な帰順勧告ビラを飛行機で撒布、八時五〇分からNHKで「兵に告ぐ」という帰順勧告放送が行われた。「勅命下る軍旗に手向うな」と書かれたアドヴァルーンも帝国飛行会館ビル屋上に出された（北博昭、一五〇―一頁）。朝から鎮圧一色という雰囲気になってきたのである。

鎮圧軍は、近衛師団・第一師団の在京諸部隊と、第一師団の甲府・佐倉連隊、宇都宮の第一四師団からの部隊、海軍の特別陸戦隊、芝浦沖から東京市街に砲門を向けた連合艦隊の第一艦隊主力等、二万四〇〇〇人を超えた。こうなると将校が頑張っていても兵隊がもたなくなる。

午前一〇時頃、新議事堂で野中四郎と下士官兵をどうするかを相談していた村中孝次は、飛行機から撒かれたビラを見て奉勅命令の下ったことを知る。しかし、蹶起部隊は小藤恵の指揮下にあるのだから小藤からの下達が正式なものであり、小藤からは下達されていないので正式な奉勅命令の下達はないというのが彼らの論理である。だから、その場に来た坂井直中尉ら若い将校も「奉勅命令が下ったことを知らぬが、斯《か》くなった以上は之に従わねばならぬ」という言い方になる。しかし、前述のように彼らは前日午後六時に小藤の指揮下からは外されていたのである。

それを知らぬ村中は野中と相談し、小藤の指揮を受けて帰順することにする。その後、村中は山王ホテルに行った。

野中部隊では、午前八時に三〇名が無断帰営、一〇時には七五名が通告の上帰営しており、もはやこれまでと観念した野中は一一時に残った全員を集め帰営を命じたので、正午には全員帰営した(「桑原雄三郎予審調書」「立石利三郎予審調書・甲班第九回公判」「常盤稔将校班第一六回公判」)。

坂井も、新議事堂で小藤大佐を見つけたので奉勅命令のことを聞こうとしたがすぐにいなくなるという状態なので、一一時前には陸相官邸正門前の中隊全員に解散を命じた(『二・二六事件裁判記録』三二六頁)。

三宅坂警備をしていた清原康平は第四九連隊の将校から奉勅命令が出たことと第一師団長の攻撃命令が出ていることを告げられ、第三中隊を集め、原隊復帰を示達。自ら率いて連隊営門

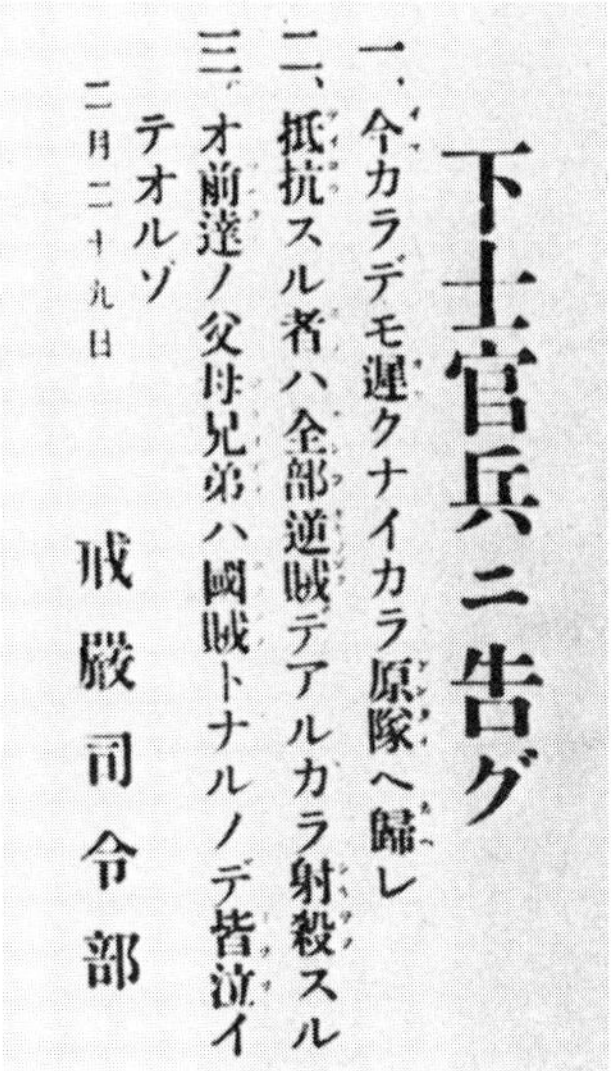

下士官兵ニ告グ

一、今カラデモ遲クナイカラ原隊ヘ歸レ

二、抵抗スル者ハ全部逆賊デアルカラ射殺スル

三、オ前達ノ父母兄弟ハ國賊トナルノデ皆泣イテオルゾ

二月二十九日　戒嚴司令部

34── 下士官兵に告ぐ

35――歩兵第３連隊に帰営する蹶起部隊

まで来たが入門を阻止されたので兵を帰し自分だけ陸相官邸に赴いた（『二・二六事件裁判記録』三八四頁）。

鈴木金次郎は文相官邸にいたが、ラジオ等で奉勅命令が出たのを知り、部隊を集め原隊復帰を考えていたところに栗原安秀が来て「部隊を返す様にした」と言ったので、新議事堂にいた野中に帰営を告げた。野中は「済まなかった」と言ったという。しかし野中に会いに行って部隊と離れている間の一一時頃野津大隊長らが現われ兵を連れて帰営していた（『二・二六事件裁判記録』三九八頁、「新井維平・甲班第九回公判」）。

首相官邸の中橋基明部隊の兵は午前四時頃に無断で帰営した。中橋基明が中隊長代理に着任したのは一月十一日であり、余りにも日が浅くもともと兵の掌握には無理があった（「宗形安、箕輪三郎・乙班第二回公判」「宗形安、箕輪三郎・予審調書」）。

首相官邸の栗原は朝ラジオで奉勅命令の出たことを知り、戦車等が迫ってくるので最後の守備をしようとしていたところに磯部浅一が来て、将校が責任を取って引くことを説くのに同調、以後山王ホテル・赤坂見附・陸相官邸・新議事堂を回って同志将校にこのことを伝えた（『二・二六事件裁判記録』一八〇頁）。

首謀者たちの会談

こうして帰営が始まりつつある中、山王ホテルに、村中・磯部・栗原・香田清貞・竹島継夫・田中勝・安藤輝三・丹生誠忠・山本又・野中が集った。栗原は「おれが悪い。おれの至誠が足らん。血と涙流し浄めん皇国を」と言い、野中も「全く我々の至誠が足らん。神に通じない」と言っている（野中がいたことも含め、山本又、一六六―七頁による）。改造主義者も根には天皇主義的国体論があることがよくわかる言だとも言えよう。

山本によると、この時皆で宮城を遙拝し君が代を斉唱し、さらに山本が唱えだした南無妙法蓮華教を兵に至るまで全員で十数回唱えたという（山本又、一六六―七頁）。「全員」かどうかはともかくそれを唱えたものがいたのであろう。

今後の方針については、若い将校達は奉勅命令に従おうという空気であることを村中が安藤に伝えたところ、安藤は承知しなかったが、結局全体としては、下士官兵は帰し将校は陸相官邸に集まることになった（『二・二六事件裁判記録』五五、一四二、一八〇―一頁）。

その際、靖国神社に行くことを山本が提案したところ、一同が賛成し、戒厳司令部から来ている中佐参謀にこのことを依頼したが、中佐は受けず、むしろ陸相官邸に集合するよう言われたのだった（山本又、一六六―七頁）。

こうして、帰順の方向で将校たちは陸相官邸に集ることになったのである。この時、栗原が柴有時大尉に、石原莞爾大佐を呼んできて欲しいと依頼した。石原は来なかったが、返事は「蹶起将校今後の処置は自決か脱出の二途あるのみではあるが此回の挙により兎《と》に角《かく》維新の「めど」はついた」というものであった（「田中勝被告人訊問調書」）。

香田は「維新の曙光が見えた」という石原の言で「残念ではありましたが多少満足し」たとしており（『二・二六事件裁判記録』一四二頁）、この時点で青年将校たちが最後に信頼して望みを託したのが石原だったわけであり、それだけ石原の青年将校寄りの姿勢が青年将校達に感じられていたということである。また、前述のように広田内閣の十大政綱の中に、石原・村中の加わった帝国ホテルでの大詔渙発方針の項目が入っていることの意味がさらによく理解できる出来事と言えよう。石原なりに青年将校の意向を活かしたつもりであったと思われるのである。

ともあれ、先述のようにすでに無断帰営さえ行われており、撤退しなければ蹶起部隊の体面が保てなくなるという状況だったのである。

また、二十八日夜に首相官邸の車庫で田中中尉ら十数名がガス中毒で倒れ、これを二十九日になって見た栗原は、最初自決かと思ったのだがガス中毒と知り「遂に善処せねばならんと考えた」というような事態も起きていたのであった（『二・二六事件裁判記録』一八一、四〇六頁）。

最後まで頑強に帰営を拒んだのが最後まで参加に慎重であった安藤であった。安藤は靖国神社参拝という山本提案に賛成したのだが、伊集院兼信大隊長に止められたのであきらめ、午後一時頃下士官兵に撤退を告げた後、彼らが中隊歌を歌っている最中に山王ホテル車寄付近で拳銃を首に当て自決を図った。しかし、当番兵が止めに来るのを見て急いだため下顎部の負傷に留まり、片倉衷と同じ前田病院に入院することになったのだった（『二・二六事件裁判記録』二九九―三〇〇頁）。

安藤は、最後には最も戦闘的になったがそれまでは終始消極的で軍事参議官との会合はじめ反乱軍幹部の会合などにほとんど出席していない。この点について安藤は事件後、次のように言っている。

　自分は直接行動には最後まで反対だったので「蹶起後に於ても、絶えず心中に於て不安、自責の念を禁じ得ず、極めて消極的、受動的な態度しか取り能わなかったのであります」。「上官、恩師、先輩、同僚と云う方々に対し、今回の蹶起に方《あた》り私の煩悶した心裡、其の方々に対する手前上最後迄消極的、逃避的な態度をしか取り得なかった点を、何らかの機会に知って頂き度い。然らざるときは、「純真にして生一本、単純な人間」として迎えられ、信用されていた私が、腹に一物あって虚偽、欺瞞、単純を装って最期まで瞞着していたと云う誤解の下に、三十年間正しき道を踏んで来た私の人間としての価値が失われてしまう」（「陳述の補足」）。

安藤は蹶起に消極的であったことから同志青年将校に申し訳なく思い、蹶起したことから今度は同じ部隊の人達などに申し訳なく思い、蹶起後進退窮まっていたのである。

一方、栗原は首相官邸の部隊を集結させて下士官兵に告別の辞を述べて陸相官邸に向かった（『二・二六事件裁判記録』一八〇―一頁）。

こうして午後二時頃に安藤・河野寿を除く指導部青年将校は全員陸相官邸に集合した。山下奉文軍事調査部長は自決を勧めたが、磯部・栗原らが法廷闘争を主張したので自決を考えていた人々も翻意して裁判に臨むことにした。

翻意の理由　どうして翻意したのかについて、状況がよくわかる四人の証言を採り上げておこう。

自分等は責任を負うて自決を決心し下士兵と別れ陸相官邸に行きましたところ我々を逆賊とせらるると共に自決を強要する気配であったので遽《にわか》に反感を抱き残念で堪らずそれで自決せず（栗原安秀、『二・二六事件裁判記録』一八七頁）。

一室に入られ自決を強ゆる情勢であり、高橋、麦屋（清済）、坂井等若い将校は自決すると云って居られ、中橋は死ぬときは栗原と刺合って死ぬと云って居られました。私は（中略）今自決の要なしと主張し自決を覚悟したる竹島にも其の旨を告げて翻させました（対馬勝雄、『二・二六事件裁判記録』一三三二頁）。

栗原中尉も中橋中尉も私も自決する心算で陸相官邸に行きました処、陸相官邸にて幕僚達が何んでも自決させ様として強要がましき態度に出ますので癪に触り遂に自決の決心を飜したのであります（中島莞爾、『二・二六事件裁判記録』二八〇頁）。

（陸相）官邸に入ると三人（坂井・高橋・麦屋）とも別室に入れられ、山下閣下などの勧めもあるので三人とも自決する決心で遺書を認《したた》め居ると野中大尉や其の他の同志将校が来て止め、渋川も来て生死を超越せねばならん。今自分等が責任を負って死すれば部下が悪いことになる等云われて、私も今死ぬ時ではないと自決を思止り（坂井直、『二・二六事件裁判記録』三一六頁）。自決の強要に反発を感じたことが大きな原因とわかる。陸相官邸の大広間には三〇あまりの棺桶が置かれ、衛戍病院の看護兵が白布・脱脂綿を準備して待機していた。机の上には拳銃・軍刀も置かれていたのである（福本亀治、一七二―四頁）。

ただし野中だけがこの過程で自決した。坂井の証言にあるように野中は坂井らの自決を止めた方なので、自決の直前に会っていた井出《いで》宣時《のぶとき》大佐に自決を強要されたという説が出る所以《ゆえん》である。

その後、午後六時頃全員が陸軍東京衛戍刑務所に送られた。

送られる時、磯部が「村中さん、おとなしくしておれば陸大を出て、今頃参謀ですなー」と言ったところ、村中は「勤皇道楽のなれの果か」と返した。これは「大西郷の言」であり「一同呵呵大笑」したと山本は伝える（山本又、一五八頁）。西南戦争に敗れた西郷軍に自分らを比することは磯部の獄中手記にも見られるが、それは近代日本の政治的敗者の多くに共通の心情であった。それはセルフカリカチュア的ユーモアでもあるが、何かを信じていた人が裏切られたことを知った上での無常感の表白のようにも感じられる。

刑務所に着くと軍服を脱がされ浅黄色の囚人服に着替えさせられた。栗原と渋川善助が「これからが御奉公ですぞ。しっかり頑張ろう」と言った（池田俊彦、七九頁）。

なお、山本だけは山王ホテルから脱出し、三月三日身延山久遠寺に参った。そして、斎藤実ら死者の法要を依頼した後、四日に東京憲兵隊に出頭した。

鎮圧軍の中で

こうして青年将校たちは捕縛され鎮圧軍との抗戦もなく事件は鎮圧されたが、もし戦端が開かれていたらどうなったのであろうか。

鎮圧軍は陸軍で約二万四〇〇〇人であり（『二・二六事件研究資料二』一六三頁）、反乱軍は約一五〇〇人弱である。数的には一〇倍以上の差があるので勝敗は歴然としているように見えるが、あながちそうとばかりはいえない要素があることも事実である。

第一師団司令部の極秘情報に次のようなものがある。

（二月二十八日午後五時半）当時我方の状況は直に何者かに依り叛乱軍に通報せらるるの情況にして命令下達時には命令受領者以外は何者も入室を許さざりき（「極秘　二月二十六日事件詳報」第一師団司令部）。

鎮圧軍の中枢部に反乱軍に内通していた者がいたというのである。これはそのほかの連隊などにももっといたであろう。

また、二月二十九日朝に次のようなことが起きたことを渋川が証言している。すなわちこの時反乱軍側の渋川は陸相官邸にいたのだが、「歩兵第四十九連隊の大隊長が中尉と共に来たり、我々は命令が出たが撃つ気になれないと申されました」と言った（『二・二六事件裁判記録』四四一頁）というのである。これも他の部隊でも起きがちな行動といえよう。前述のように、近歩三の鎮圧部隊の中には今泉義道少尉の指揮する一旦は反乱軍に加担した部隊も入っていたのである。

実際に不穏な行動を起した部隊もある。すなわち、歩三の新井勲中尉は元来、昭和六年（一九三一）頃に菅波三郎中尉の薫陶を受け、磯部・村中・安藤・栗原に交り昭和維新運動の会合に出席するなどしていたのだが、今回の蹶起には反対で加わらなかったのである。ために彼は鎮圧部隊のメンバーとして二十七日に赤坂区福吉町及び氷川小学校にいたのだが、期待した大詔渙発が行われず奉勅命令も原隊復帰のみの内容であったことに憤激し、戒厳司令部に抗議するため二十八日午後二時頃に独断で部下九六名を率いて青山墓地、明治神宮外苑を経て靖国神社に至った。この挙は「靖国神社逃避」「叛乱軍に内応するに非ずや」と言われ「叛乱部隊は新井部隊と協力し　秩父宮殿下を擁立する噂あり」（午後八時頃）という憶測まで飛んだのである（「極秘　二月二十六日事件詳報」第一師団司令部）。

結局、午後九時頃に現警備地域に戻り、新井は禁錮六年となったが、こういう部隊が鎮圧軍にいたのであり、戦端を開くことになった時の事態はそれほど簡単でもなかったと推測されるのである（『二・二六事件・判決』一八六―八、一九四―五、一九八頁）。香椎浩平戒厳司令官が三月五日に「取調の結果に依れば、最初から武力行使に出で居ったならば、攻者が叛軍に合体したかも知れぬ」と記すような状況が存在したのである（香椎研一、九七頁）。

2　軍法会議

二・二六の軍法会議

帝国憲法第一四条に基く戒厳令には、敵に取り囲まれたり攻撃されそうになった時などの危急の時の戒厳としての合囲地境戒厳と、それよりは危急度の低い区域に布かれる臨戦地境戒厳とがある。これにより、立法・司法・行政各部の事務を軍が掌握することができるのである。しかし、そこまでの事態に至らない時にも警察力だけでは不十分と考えられればその一部が施行されることがある。これを行政戒厳といい、二・二六事件の時に施行されたのはこの行政戒厳であった。これは七月十八日に解止される。

一方、奉勅命令の出された二月二十八日には軍務局軍務課高級課員武藤章中佐を中心に緊急勅令による厳罰主義の軍法会議設置方針が決められ、三月一日閣議提出、二日枢密院審査委員会審議、四日枢密院本会議可決、公布施行となった。

一審弁護人なし非公開の東京陸軍軍法会議であり、四月二十八日から第一回公判が開かれることになった。法律によらず緊急勅令によっており、民間人にも管轄権が及んでいることなど極めて強引な手法と内容とであった。三月二日の枢密院の審査委員会において川島陸相が「常人〈民間人〉を処分する件は之を先例と為すものにあらず」〈枢密院「東京陸軍軍法会議に関する件決議」一九三六年三月四日〈国立公文書館蔵〉、北博昭、一八八頁）と言っていることからもこのことは窺える。

戒厳令との時間的距離が近いこともあり、この軍法会議は戒厳令に付属したものだという誤解が長く抱き続けられてきた。しかし行政戒厳に付属する軍法会議というものはない（臨戦地境戒厳にもなく合囲地境戒厳にのみある）。これは戒厳令が昭和十一年（一九三六）七月十八日に解止されているのに、軍法会議が昭和十三年（一九三八）四月九日に廃止されている（裁判自体は昭和十二年〈一九三七〉九月二十五日に終了）ことを考えればわかることだが、木内曽益《きうちつねのり》検事や小原直《おはらなおし》司法相など当時の司法関係者も誤解していたのだからやむをえないことかもしれない。これらをはっきりさせたのは北博昭氏の業績である（北博昭、一六七—七〇頁）。

なお、陸軍軍法会議法第八〇条にある裁判官の除斥・回避制度（事件と特殊な関係を持っている裁判官では公平さを欠く裁判を行う危険性があるため排除する制度）は、第八六条で適用しないことも可能になってはいたが（戦時などでは時間的にも余裕がないため）、平時に非適用にする必要はなかったのにもかかわらずこの裁判では非適用とした。ために、被告側は裁判官の除斥・回避ができないため、検察官・予審官・裁判官を同一人物が兼任するなどの司法上常識外のケースが種々あったにもかかわらず拒むことができず、裁判の公正性は非常に低いものであった（松本一郎、一四五頁）。

また、非公開・弁護人なしということがどれだけ被告たちに不利であったかは説明するまでもないであろう。「万事罪人に仕立てるべく段取りした上で、きびしく（中略）あたった」「高圧的に尋問した」「自ら筋書きを作っておいて（中略）ハイといわせた。つまりパズルと同じで空欄の中にイエスという言葉をはめ込んで行くのである。反論すると大声で威圧し、自論に従わせた」という予審風景は裁判全体に見られた情景の象徴である（埼玉県、五五頁）。

幸徳秋水の大逆事件裁判が近代日本裁判史上フレームアップ裁判として有名であり、その暗黒面が語られることが多く、確かに今日から見ると甚しく非人権的な行為が行われているが、それでも判決は公開されており、弁護人には花井《はない》卓蔵《たくぞう》・今村力三郎《いまむらりきさぶろう》ら当時の優秀な弁護士が付いていた。

全面非公開・弁護人一切なしの二・二六事件裁判の暗黒性は空前絶後と言わねばならない（大逆事件では死刑判決二四名中一二名が特赦で無期に減刑になっているが二・二六事件裁判ではそれもなかった）。また、そうした人権無視の裁判においてはどれだけひどいことが平然と行われるかが以下に述べられよう。

軍法会議始まる

さて裁判は四月二十八日に将校班二三名への第一回公判から開始されたのだが、直接行動者一四八三名中、起訴一二三名、有罪七六名、無罪四七名、直接行動者以外の起訴者四二名、有罪二五名、無罪一六名、控訴棄却（自殺）一名であった。結局一六五名が起訴され一三班に分けられて裁判が行われ、有罪一〇一名だったのである。

将校が昭和維新決行を告げた中隊の下士官は大部分が起訴、それがなく事情がわからぬままの中隊の下士官は大部分が不起訴であった（松本一郎、一四九頁）。

適用されたのは陸軍刑法第二五条叛乱罪である。この罪は第一号首魁、第二号謀議参与・群衆指揮・諸般の職務従事、第三号附和随行で構成されている。刑法の内乱罪ではないので朝憲紊乱《ちょうけんぶんらん》などは構成要件とはならない。

公判の様子が一方的なものであったことは言うまでもない。

村中が、国家革新運動に志した動機について、北海道の連隊付の際初年兵の入営に立会い、皮膚の色が黄色い者がいるので検査官に尋ねたら、米を食う金がなくかぼちゃばかり食べているからということで入営後兵食を摂っているうちに顔色がよくなったことを例にして農村の疲弊の実情を話したところ、藤井喜一法務官は「そんなことは言わんでも解っている」と言って話を打ち切らせようとした。対馬が憤慨して「こんな裁判ならやらない方が良い。早くすませて貰いたい」と言ったら藤井法務官は怒り「そういうことなら裁判を止めてもいいぞ」と恫喝したので、渋川が「裁判の続行と十分な審理をお願い」し裁判は続行された。

このことを紹介した池田俊彦は「裁く方の一方的に必要な事実審理のみが強行され、裁かれる側の論理は全く無視された。暗黒裁判と言われても仕方のない事実の一つがここにある」としている（池田俊彦、一一六―七頁）。

なお、青年将校側の対応の一例としては責任の所在についての対応の相違があった。

安藤は、常盤稔・鈴木金次郎・清原康平各少尉は「強制的に参加させられたもの」であり、坂井直中尉は謀議に参加しておらずその下士官を参加させたのは自分の命令によるとし、歩三は自分と野中に責任を限定し、「前途ある若いものに其の前途を持たしめられ度き旨を陳述」している（『二・二六事件裁判記録』四八三―四頁）。

一方、清原・鈴木は、自分は「同志」ではない、安藤の命令などで参加したに過ぎないとして寛大な処分を願った。磯部は慨嘆したが、彼らは前年に着任したばかりで直前に決行を知らされたという事情もあった（『二・二六事件秘録三』一二一、三七四頁）。

こうした一方的審理の後、最も中核的な将校班二三名への論告求刑が、六月四日第二三回公判で行われた。死刑二一名、有期懲役二名である。

死刑を求刑された時、池田俊彦は「全身を打たれたような感じがして眼の前が暗くなった」が、渋川が「ひどいことをしやがるな」と言ったのが印象的だったという。その日の食事はほとんど食べられず多くの被告がそうであったが、全部食べた者もいたと後から看守に聞いた（池田俊彦、一五〇―一頁）。

判決は七月五日第二三回公判で出され、首魁の村中ら五名・謀議参与の竹島ら三名・群衆指揮の中橋ら八名計一六名が死刑、群衆指揮の麦屋清済ら五名が無期禁錮、諸般の職務従事で今泉義道ら二名が有期禁錮となった。

無期禁錮の池田によれば、判決が言い渡された時、栗原が「多すぎたなあ」と言った。また、「左隣にいた林の肩ががくっと下ったように感じられ、私は何とも言い知れぬ心の痛みを覚えた」という。同志に申し訳なく、また取り残されたような気持ちになった池田は、翌日裁判長宛に自決の嘆願書を書いたが、それを見た看守長から、父親がどれだけ喜んでいたかを知らされ親不孝を思い、死への思いをとどめた。

死刑判決後、面会に来た先輩が林八郎に心境を聞いた所、林は「やった者でなければ分りません」と言った。同期の親友の小林友一とは二〇分面会したが一言「小林、魁《さきがけ》だよ」とだけ言った（池田俊彦、一六四—七一頁）。

他の直接行動者も同じ日に判決が出た。准士官・下士官・兵ら五三名が有罪とされたが、湯河原の牧野伸顕襲撃グループの水上源一は、求刑は懲役一五年なのに群衆指揮で死刑となっている。この判決に対しては当時から「水上の極刑は意外なり」と言われており、法律学者の松本一郎氏も「不当に重過ぎる」としているが、松本氏も指摘するように「本来ならば死の責任を負わせるべき河野がすでに死亡しているため、スケイプ・ゴウトとして水上を選んだ」と見るしかないであろう（『二・二六事件研究資料 二』二八一頁、松本一郎、二六二、二六四頁）。

処刑の模様と直接行動者以外の判決

死刑の判決の下った者の内一五名に対しては七月十二日に銃殺刑が執行された。磯部・村中の二人は北・西田裁判のために必要とされ刑の執行が延期された。

36――銃殺刑場

処刑直前一五名はいずれも「天皇陛下万歳」を叫んだ。このほかに刑場着時における安藤の「秩父宮殿下万歳」の発言などが残っているが、水上源一は「国民は皇軍を絶対に信頼して居る。皇軍よ絶対に国民の信頼を裏切るな」と言っている（『二・二六事件秘録別巻』一〇七―九頁。刑務所長の塚本定吉「軍獄秘録」もほぼ同じとしている。しかし斎藤著に納められた「在勤看守の手記」の「死刑執行の情況」は、渋川善助が「国民よ　皇軍を信頼するな」と叫んだとしている〈斎藤瀏、二八七頁〉）。

ほぼ全員一発で絶命したが、栗原・対馬勝雄が二発、中橋が三発を要した（『二・二六事件秘録別巻』一〇七頁）。

栗原は「今回の裁判たる、その惨酷にして悲惨なる、昭和の大獄に非ずや」「余万斛の怨を呑み（中略）虐殺せられたり」「余は断じて成仏せざるなり」と遺書に書いていた（『二・二六事件・獄中手記』四九頁）。対馬は死刑求刑後「強圧に依る公判には何としても死ねない」と言っている（「叛乱被告元将校等近況の件〈刑務所長から裁判長への報告〉」昭和十一年六月五日付）。

宮城に兵を入れた中橋は処刑前唯一人「陛下に対し奉り、決して弓を引いたのではありません」と言っていた（塚本定吉「軍獄秘録」）。

直接行動者以外で起訴された四二名中後述の北・西田・亀川・真崎と自殺者（田中彌大尉）以外の三七名一五班に対する裁判は、七月二十九日、翌年一月十八日、同八月十四日の三次にわたり判決が下された。有罪二四名・無罪一三名であった。量刑が最も重かったのが山口一太郎大尉で無期禁錮であった。他に注目される人の量刑は、反乱軍の意向を取り持った満井佐吉中佐が禁錮三年、青森の第五連隊から昭和維新邁進の電報を打った末松太平大尉が禁錮四年、戒厳司令部と反乱軍を仲介した人のうち松平紹光大尉が罰金一〇〇円、柴有時大尉が無罪であった。

北一輝の裁判

十月一日に開始された北・西田の裁判は、二・二六事件の裁判が近代日本司法史上最大の暗黒裁判であることを証するものであった。この点は裁判資料の研究によって近年ようやく本格的にわかってきたことであり、またこの裁判のみならず事件の構造全体を知るためにも極めて重要なので詳しく検討しておきたい。

事件最中の二人の行為についてはすでに叙述したので、叙述をしてない事件前のことについてまず説明をしておこう。

北は、事件の前年昭和十年（一九三五）七月頃に「日米合同対支財団の提議」という建白書を作り要人に配布していた。アメリカの資本を日本の保証によって中国に投資させ、日中関係を改善しようというのが狙いであった。北は「アングロサクソン打倒」を言ってはいたが、主敵はイギリスと考えており、さらにソ連の脅威に対する防御を考えていた。だからアメリカを味方にして日中を連携させ英ソに備えようと構想していたのである。

具体的に言うと、中国革命をともに戦った張群が国民党政府の要人（昭和十年十二月外交部長）であったから彼と協議して局面を打開しようと考えていたのである。

私は、永井柳太郎《ながいりゅうたろう》にも話していよいよその実現を期するため支那に渡ることに致しましたところ、同年（昭和十年）十月頃永井が来て、「広田外相に会ったら、君が渡支すると支那人に与える刺激が強いので、今他の人を遣わしていろいろのことをやっておるから、君の行くのはちょっと待ってくれ。年の暮れにでもなって、改めて相談しよう」と言われましたので、私は年が明けたら行こうと思っておりますと、本年二月二十日衆議院議員の総選挙があることになったので、それが済んで三月には必ず支那に行こうと思っておったので、その頃渡支の準備をしたりしておりました為、本年二月中旬西田より話を聞いたときには、ただ呆然としておりました（「第五回公判陳述」）。

これが事件前の北の置かれた立場であった。昭和十年暮に訪中した友人の実川時次郎と中野正剛に北は外交部長張群宛の紹介状を書いており、実川がもたらした中国側の友好のサインは実川訪中の実行者秋山定輔を通して岡田首相にまで伝わっていたようだ（萩原稔、一九四―二〇九頁）。北の中国行きが実現して張群に会っていたらどういうことになったか。興味の残るところである。

事件のことを知ってからの北は、実際以上に西田がクーデター計画に深く関わっているものと見たようである。そしてその西田に付いていくつもりになったのである。

そこで私としては、西田がいかなることを担任したかは判らないけれども、そのことの善悪にかかわらずどこまでも西田を庇ってやろう、警視庁から西田を連れに来たら、これを隠してやろう、変な奴が西田を襲うようなことがあれば、これを妨害してやろう、そして西田の目的を達成せしむるため、でき得るだけのことをしてやろう、西田が青年将校に引かれて行くなら、自分はまた西田に引かれていってやろう、西田のすることは止めもせず、その思うとおりに働かせてやろうと思いました。すなわち私は、西田に従って行くのみだと決心致しました（「第四回公判陳述」）。

この点は西田も認めている。

言葉が足りなかった関係上、北は私がこの事件につき直接若い者らと関係し、彼らと運命を共にすべく決心したものと勘違いしたのでないかと思います（「第五回尋問調書第二六問答」）。

だから、事件前の北のクーデター計画との関わりも以下のようなものであった。

私は、西田から右のこと（蹶起計画）を聞き、蹶起後の事態収拾につき陸軍上層部及び中堅将校方面に、事前に連絡提携ができているのか不明でありましたので、その点を西田に尋ねましたところ、西田は「そんな連絡はできておらぬようである」と申しましたので、心の中では、さようなことでは蹶起した場合、面白くない結果を生じはしないかと一抹の不安を抱きましたが、秘密保持のため連絡しておかぬのか、あるいは蹶起すれば当然相呼応して彼らの希望を達成してくれる目途がついているので、あえて連絡しないのか、彼らの意思が判断できかねたので、私は突っ込んで尋ねることもしませぬでした（「第一回尋問調書第一一問答」）。

北はクーデター計画の肝腎の点の詳細は聞いていないのである。

北は二十八日午後六時頃に憲兵隊の特高課長福本亀治少佐の指揮下に逮捕されるが、その時、憲兵から「西田がいなければ、あなたが憲兵隊まで一緒に行って下さい」と言われて「夕食をし、衣類を着替えた上（中略）約一時間ほどして憲兵隊に同行され」たのである。

「私はそのとき、西田の身代わりになり得て幸せであった、そう長く留置されることもあるまい、くらいに思っておったのであります」（第五回公判陳述）。北は西田の代わりに逮捕されたと思っていたのである。

従って北は事実に沿って裁判では以下のことを強調したのである。

私や西田が日本改造法案の趣旨により国内改造を断行するため、青年将校らを煽動し、蹶起せしめたということは、断じてありませぬ（「昭和十一年七月三日付第二回尋問調書一四項」）。

私は蹶起将校らの背後におって彼らを躍らし、私の理想としている改造を断行するためにいろいろ策動したのでないことは諒解下されたことと思いますが、なお念のためにそのような関係でなかったことを断言したいと思います。要するに、直接行動には反対であるが、若い者が蹶起した以上、これをそのまま傍観しているわけにもいかないので、少しでも彼らのために有利になれかしと念願し、及ばずながら若干の意見も勧告し、その他若干の努力をしてやったのであります（「昭和十一年七月九日付第三回尋問調書三項」）。

しかし、求刑は死刑であった。死刑の求刑に対し北は次のように言っている。

まことにご道理あるご論告と思います。判決では酌量減刑して、死刑を免じて頂きたいとは思いませぬ。以前より事実さえ明らかになれば結構で、死を賜りたいと念願しており、またすでに亡くなった蹶起将校に対してもまことに申し訳ないと思っておりますので、只今のご論告は神様のお情けであると感謝しております。

今回の事件については、私は事前に西田よりある程度のことを聞かされ、彼らの情にほだされて従って行くことになったので、事件そのものの善悪及び私自らの本心なると否に関係なく、ただ一片の同情より彼らを庇護しようと思って致したのであって、事件の計画を立てたり、または彼らを使嗾指導したのでもなく、共犯とは思っておりませぬ。

しかしながら、彼ら蹶起した者よりみれば、私の一言は西田の十言、百言よりも重いわけで、この点において私が彼らにいろいろの話をしてやった責任は重かつ大なりと痛感しており、この責任を逃れんとするものではありませぬ。私は衷心より死を賜りたいと存じます。

ただ願わくはご同情をもって、私か不逞矯激の思想を持っているということ、及び日本改造法案大綱をもって国体破壊なりということ、並びに今回の事件は同法案大綱に則ってやったことの三点を判決書に表して頂きたくないので、とくに申し上げておきます（「北一輝最終陳述」）。

北は共同正犯的事実はあくまで否定しつついわば道義的責任を引き受けることを明言したのである。また、北は、死刑を前提にして、「不逞矯激の思想」を持っていないことと『改造法案』が「国体破壊」の思想でないことを強調しているのであって、この時点での北の思想がどのようなものであったかはこれではっきりとうかがえるであろう。

西田税の裁判

次に西田税である。

北の『改造法案』を青年将校に普及させたのは西田であったが、五・一五事件に際しては陸軍の青年将校の参加を止めたとして血盟団員に撃たれていた。

五・一五事件以来、私は当局の「スパイ」のごとく噂され、当局からは危険人物として注意せられ、いずれを向いても私という者は妙な存在となり、毎日怏《おう》々として楽しまずという生活を送っておりました。

右の次第でありますから、私は軍部関係を離れて民間方面のみの啓蒙運動に努力して、現在に至ったのであります（「第一回尋問調書第八問答」）。

私の同志には、「テロ」反対主義に立つ核心社同志諸君のごときもあり、大体において五・一五事件までは中央政界における高等政策的政治運動を主としてなし来ったものでありますが、五・一五事件以後は在家信者運動に真剣になりまして、今や農村・都市、中央・地方を通じて、あるいは郷軍関係として、あるいは農民運動、労働運動、大衆団体運動として関係致しまして、徐々に、かつ孜々として進んで来た者であります（「第二回尋問調書第一一項」）。

だから西田は安藤に次のように言って蹶起に反対したという。

従来、維新を促進するため、民間側の啓蒙運動を志し、今日ようやくその緒についたばかりで、すべてこれからというところであるが、今若い者らが蹶起すれば、自分はこれに関係あるとないとにかかわらず拘束せられ、何もかも根底から打ち壊されてしまう（「証人尋問調書第六問答」）。

民間の啓蒙運動・大衆運動に力を入れていたので蹶起に賛成できないというのが事件前の西田の態度であった。それは具体的には次のようなことであった。

すなわち、西田は、日本労働組合会議に対抗する新日本海員組合総連合の指導者となり労働運動・農民運動などをまとめる統一運動を行っていたのである。また、西田は昭和元年（一九二六）に星光同盟という団体をもとにして新しい労働運動を起そうとしていたところ、牧野内大臣を強要したとされる宮内省怪文書事件で検挙され運動を破綻させるという失敗を経験していた（「第一回公判供述」）。

北もこの点を指摘している。北は二十五日深夜に自宅を訪れた西田の様子を次のように語っているのである。

その際西田は、非常に沈痛な顔色をしておりましたので、私は、西田は従来在郷軍人の海員組合労働運動に手を染め、国家主義の下に運動していたのであるが、彼らが蹶起すればその運動が挫折する（中略）ので、かく沈痛になっていたものと思いました（「第五回公判供述」）。

また、次の衆議院選挙に立候補しようという準備があったことも、妻初は語っている（三宅正樹他、二九〇頁）。

なお、この年は亡父の一三年忌と亡弟の五年忌に当たっており、三月十日に米子市の菩提寺で法要を営むことが決まっており親戚縁者に通知も出していた。

どこから見ても西田がクーデターなどに積極的に加担しようという気持ちになる契機はなかったのである。

しかし、安藤から言われたのは「今日においては、もはや到底阻止することのできない状態に激化しているから、もしこれを無理に抑止しようとすれば、五・一五事件のときのように、若い者らは、あるいは貴方を撃って前進するというようなことになるかも知れない」（「証人尋問調書第六問答」）ということであった。

まず栗原を呼んで中止を勧めたが、喧嘩別れしたような感じになり、次に穏健な安藤に中止を伝えようとしたところ、この様なことを言われ「心中愕然とし」、「もはや情勢は私ら一人、二人の力では到底押さえ切れぬところまで進んでいること」を知ったのである。

元来、別の民間側の運動を開始しておりそちらに力を入れていたのに、突然蹶起することを知らされ、必死で止めたが聞かれず、これ以上止めると殺されかねない事態となり、西田なりに手を打ったが大したこともできず、しかし事件が起きれば検挙されるに決まっているという状態で蹶起前日には西田は文字通り進退に窮し身の置きどころがなくなったのであった。

そこで思い出したのが二十五日夜に旧知の千坂智次郎《ちさかともじろう》海軍中将の通夜があることであった。それで、そこに一晩中いるつもりで出かけたのだが近親者のみということで断わられ、やむなく北の家に行ったのである。その後、二十六日朝には一旦別所に身を隠したが、大丈夫だということで午後には北の家に戻った。二十八日、憲兵隊が北の家を急襲した時に間一髪で脱出、三月四日朝警視庁に検挙されるまで逃避行を続けたのだが、それらは「二十五日夜半以後の私の去就、ことに二十八日夜逃避以後の醜態」、「まったくその時々の「行き当たりばったり」的進退」と自ら語るようなものであった（「手記（陳述補遺）、西田税、予審終了後伊藤予審官宛」）。

西田が終始気持ちが乗り切れなかったことは、二十六日に栗原に「溜池まで案内を出すから、一度情況を見にくるように」と誘われたのを断っていることからも察せられる（「栗原証人尋問調書第一三問答」「西田第三回公判調書」）。

だから「実は、彼らが蹶起すれば、従来の関係上多少の犠牲は覚悟しておりましたが、事件の首魁のごとき取り扱いを受けていることを知り、その結果の意外に大なることに驚いている次第であります」（「昭和十一年六月二十六日付第五回尋問調書三〇項」）というのは正直な感想であろう。西田の最後の供述の以下のような言は、西田なりの精一杯の抵抗であり、この裁判全体の性格を言い当てたものであった。

今回蹶起の青年将校らは、自分の目的のために軍隊を動かした点において統帥権干犯になるのはもちろんでありますが、しかも現役の将官、予後備役の将官も、現役の佐官も、来る者すべてが彼らに対し何の咎めもしなかったばかりでなく、かえってよくやった、しっかりやれと声援しております。

彼らは三月事件、十月事件の統帥権干犯を責めながら、自ら深入りして統帥権を干犯するようなことがあってはならぬと思い、抑え来ったものでありますが、いよいよ蓋を開けてみると予想は裏切られ、右のごとき声援の下に庇護されたので、私は軍人の頭に疑問を抱きました。

責むべきは、彼ら蹶起将校のみではない。彼らを責むるなら、同時に陸軍上層部の者全部も責められなければならないと思います。

彼らは、私らとその思想信念が同一だというのでなく、情誼によって結ぼれた者であり、今回の事件も私らの方針でなく、私らが指導したものでもありませぬ。

北が、事前にあまり人を殺さぬ方がよいと言ったことまでも、計画を指導したと取られているようでありますが、事実相違も甚だしいと思います。

とにかく、ある軌道に乗せて運ばれて行くように思われてなりませぬ。なにとぞ、事実どおり認めて頂きたいと思います（「第三回公判西田税供述」）。

こうして予審官への最後の質問への回答は次のようになった。

私は、今や心身ともに疲れ切っております。したがって、社会的運動と訣別を希望しております。これまで、背かれ、傷つけられ、追われ、真に疲れ切った私の魂を快く喜び迎えてくれるものはただ一つ、故郷の山水風光人情あるのみであります。私は今感慨無量の感激のうちに、故郷と祈りの生活とをしたいつつあるものであります。すなわち、「故郷における信仰生活」、これが私の将来に残された唯一のものであり、私の将来の希望であります（「昭和十一年七月七日第六回尋問調書四項」）。

最終陳述を以下に記す。

私も結論は北と同様、死の宣告をお願い致します。私の事件に対する関係は、単に蹶起した彼らの人情に引かれ、彼らを助けるべく行動したのであって、ある型に入れて彼らを引いたのでも、指導したのでもありませぬが、私らが全部の責任を負わねばならぬのは時勢で、致し方なく、これは運命であります。

このたび今回の事件は私らの指導方針と違う、自分らの主義方針はかくかくであると天下に宣明しておきたいと念願しておりましたが、この特設軍法会議ではそれも叶いませぬ。もし今回の事件が私の指導方針に合致しているものならば、最初より抑止するはずなく、北と相談の上実際指導致しますが、方針が異なればこそこれを抑止したのでありまして、これよりみても私が主宰的地位にあって行動したものでないことは明瞭だと思いますけれど、何事も勢いであり、勢いの前には小さい運命のごとき、何の力もありませぬ。

私は、検察官のいわれた不逞の思想、行動のいかなるものか存じませぬが、蹶起した青年将校は去る七月十二日君が代を合唱し、天皇陛下万歳を三唱して死につきました。私は彼らのこの声を聞き、半身をもぎ取られたように感じました。私は彼らと別な途をたどりたくもなく、このような苦しい人生は続けたくありませぬ。

七生報国という言葉がありますが、私は再びこの世に生まれてきたいとは思いませぬ。顧みれば、実に苦しい一生でありました。懲役にして頂いても、この身体が続きませぬ。

ここに、謹んで死刑のご論告をお請け致します（「西田税最終陳述」）。

これが大正期以来、北一輝をいただいて日本の改造運動・昭和維新運動を実質的に領導してきた、そして運動の内部での激しい抗争を戦い抜いてきた人物の最後の陳述であった。西田は疲れきっていたと言うしかない。逆に言うと「首魁」などではありえなかった。

吉田裁判長の抵抗

北・西田裁判は昭和十一年（一九三六）十月一日に第一回公判が行われ、十月二十二日に第一二回論告求刑というスピード裁判であったが、以後一向に公判が開かれず、昭和十二年（一九三七）、八月十三日に再開、十四日に死刑宣告となった。

これほど長きにわたる休止状態が続いたのは、言うまでもなく二人を無理矢理死刑にしようとする陸軍上層部とあくまで厳正な裁判を行おうとする裁判官が対立したからであった。

具体的に言うと、上層部の意向を受けた無理な判決を押しとうそうとしたのが伊藤章信法務官・匂坂春平検察官らであり、それとあくまで戦い陸軍司法の筋を通そうとしたのが吉田悳《よしだめぐむ》裁判長（陸軍少将）であった。

幸い吉田の日記が一部残っているので見ておこう。

まず開廷の日。

十月一日　北、西田第一回公判。北の風貌全く想像に反す。柔和にして品よく白皙《はくせき》。流石に一方の大将たるの風格あり。西田第一線の闘士らしく体軀堂々、言語明晰にして検察官の所説を反駁するあたり略ぼ予想したような人物。

第三回公判。

十月三日　西田第三回公判。判士全般と自分の考とは相容れぬものがある。憐むべき心情だと思う。自己の立場を一歩も離れ得ぬ人の主張は強い。自他の立場を比較考慮するものの主張は弱い。併し何れが是、何れが非か。自分は断じて前者を採らず。世は協同の世界ならずや。

吉田と軍上層部の意向に沿おうとする他の判士との対立が明確に露呈して来たことがわかる。

十月五日　北第二回公判。『国体論及び純正社会主義』及び『国家改造法案大綱』執筆の動機其他自己の運動の過程を述ぶ。偉材たるを失わず。広く世表に顕れざる所以は、其学歴に禍せられて遂に浪士の域を脱し得ざる為か。或は本人の性格他人の頤使《いし》に甘じ得ざる結果か。自分は前者と想像する。此の如き現象は軍内天保銭問題と同一なり。庶政一新の為の重大事項なり。

「軍内天保銭問題」とは、陸軍のエリートとなる陸軍大学校卒業者が付けていた記章が天保銭と呼ばれ、このエリート主義への反発が二・二六事件の一つの原因とされていたことをいう。北がエリートコースを外れていたために、才能がありながら「浪士」に留まったと分析しているのである。

十月二十二日　北、西田論告。論告には殆んど価値を認め難し。本人又は周囲の陳述を藉《か》り、悉く之を悪意に解し、しかも全般の情勢を不問に附し、責任の全部を被告に帰す。抑《そもそ》も今次事変の最大の責任者は軍自体である。軍部特に上層部の責任である。之を不問に附して民間の運動者に責任を転嫁せんとするが如きことは、国民として断じて許し難きところであって、将来愈々全国民一致の支持を必要とする国軍の為放任し得ざるものがある。国家の為に職を賭するも争わざるを得ない問題と思う。奉職三十年初めて逢着した問題である。

裁判長がこう決意したのだから、以後裁判が進まなくなったのは当然であった。

一月十四日　陸軍大臣の注文にて各班毎に裁判経過を報告する。北、西田責任問題に対する大臣の意見全く訳の解らないのに驚く。あの分なら公判は無用の手数だ。吾々の公判開始前の心境そのまゝである。裁判長の独断、判士交換は絶望状態に陥る。F判士罷免か、北、西田の判決延期かの外に手段なく、全般の形勢は後者に傾く。

執筆時期は不明なのだが、この頃吉田が裁判官の藤室良輔中佐に宛てた書簡が残っている。「事前の思想運動はたとい矯激なるもの」であっても「情状に属するもの」で「基本刑決定の要素」ではない。それどころか「三月事件、十月事件を不問に付し」「現に関係者も現存しある状態において」軍法会議が民間人を裁くに当たってはこの情状は不問に付すしかない。

そこで事件関係行為のみを見ることになるが、「その行為は首魁幇助の利敵行為なり」これは「普通刑法の従犯」であり、しかも「多少敵を利しあるいはわが軍にやや不利を及ぼすもの」程度にしか過ぎず、「三年と極刑の中位以下の刑に相当するものと認む」。

「当初伊藤（章信）予審官は利敵を認め、検察方面もまた利敵を至当なりとし公訴状を提出せるに、本省において首魁たらしむべき指示を与え、検察官（匂坂春平）これに聴従し無理に首魁に改変提出せる事実ありという。これ恐らく真実ならん。（中略）仮りにも本省の希望または漫然たる事件当時の風評により、一時を糊塗するが如きことあらんか、将来に及ぼす影響重大なりと憂慮に堪えざるもの有之、飽くまでも法的根拠に基づき、公正妥当、一点の非議を許さざるものたらしめざるべからずと腐心致居候」（高宮太平、三二四―六頁）。

後、昭和十六年（一九四一）春、藤室が陸軍技術本部総務部長の時、同期生で第二部長の谷田勇が

「貴様あのときどう思ったんだ?」と尋ねると、藤室は「中央の意志を承けている俺としては、ああいうほかなかった」と言ったという（谷田勇、三七〇頁）。判士は「中央の意志を承けて」動いていたのである。

延期となったのが吉田の精一杯の抵抗であったのであろう、結局裁判は一〇ヵ月後に再開された。

八月十四日　北、西田に対する判決を下す。好漢惜みても余りあり。今や如何ともするなし。判決言い渡しに対し西田が何か言おうとしたのを北が制し二人とも「静かに退出した」（以上、引用は田中惣五郎、三七三頁）。

こうして死刑が確定したのである。なお、吉田は後、昭和十六年（一九四一）日本陸軍最初の機甲本部を作り部長になるなど先見の明ある人であったが中将で終わっている。原因はこの裁判にあると見てよいようだ（『二・二六事件研究資料 二』三三二頁）。

北・西田裁判の不当と両人の最後

この裁判が非常に問題の多い政治的裁判であることを徹底的に検証したのは松本一郎氏であるが、松本氏は何箇所も事例をあげて証拠の捏造・歪曲が行われたことを明らかにしている。判決文が挙示する証拠の原本を当ってみるとそのような記載が見当たらないのである。それどころか原本の供述内容と正反対の証拠説明もあることを例示している。言うまでもなく被告の有罪を印象付けるための意図的な証拠操作を裁判官が行ったのである。

例えば、北が法華経の信者となり名を霊告に借りて青年将校を指導し『改造法案』を青年将校に注入宣伝したという説示の調書を見ると、最近は法華経の信仰生活に入っていたので青年将校とは「直接会う機会は少なくな」ったとあるのである。松本氏はこうした事例は「枚挙にいとまがない」としている。いかに不公正な政治裁判であったかが知れよう（詳しくは、松本一郎、三一一―八頁）。

要するに〝二人の凶悪な思想に純真な青年将校達がだまされてクーデターが起きてしまった〟というようなイメージ作りを陸軍上層部は狙ったのではないかと見られ、公正な裁判長もそれに抗し得なかったのである。それは中心グループの青年将校への判決文にある「北輝次郎著『日本改造法案大綱』たるや、其の思想根柢に於て絶対に我が国体と相容れざるものあるに拘らず、其の雄勁《ゆうけい》なる文筆に眩惑せられ素と《ママ》純忠に発せる研究思索も（中略）不知不識の間正邪《せいじゃ》の弁別を誤り、国法を蔑視するに至り」（『二・二六事件・判決』一三頁）という文章から如実に窺える。北の懇願に関わらず上のように断定され判決には書かれたのである。

なお、もともと政友会の久《く》原房之《はらふさの》助《すけ》系の政治浪人で青年将校達の動向を絶えず久原にもたらしつつ、事件では上部工作に従事した亀川哲也に対する判決も同時に言い渡され、こちらは無期懲役であった。求刑は禁錮一五年。これも青年将校の犯罪の背後に北及び周辺の民間人ありという印象操作を狙ったものとしか考えられない。これにより亀川は昭和二十年（一九四五）まで獄中にあることになる。

北・西田裁判のために死刑執行が延期されていた磯部・村中とともに、北・西田は昭和十二年（一九三七）八月十九日銃殺となった。

処刑前に西田から「我々も天皇陛下万歳をやりましょうか」と聞かれたのに対し、北は「私はやりません」と言ったといわれることが多いが、正確な資料は北の高弟馬場園義馬が、銃殺に立ち会った東京陸軍衛戍刑務所長塚本定吉から九月十日に聞いたものが唯一のものである。以下のようになっている。

其の時、西田さん其他から一同で万歳を唱えましょうと云われると。（北）先生は、そんな形式的なことは如何かと思うから、私は唱えませんと申されましたので。皆な誰れも唱えられませんでした（『新勢力』六八頁）。

記録には「万歳」としかないのだが、これは当時の常識からして「天皇陛下万歳」と解してよいであろう。そして北が言ったのは「そんな形式的なことは如何かと思う」ということである。

北は当時五四歳であり、男性の平均寿命が約四七歳の当時としてはもう老人である。裁判での発言に見られるようにすでに処刑されている青年将校達に殉じようとする諦観に満ちていたと見られ、また「国体否定思想」を持っていないことを最後まで強調していたのである。

これが事件前と変わりないものであることは、事件前村中の「襲撃直後すかさず血刀を提げて宮中に参内し、恐れ多いが陛下の御前に平伏拝謁して、あの蹶起趣意書を天覧に供え、目的達成を奉願する」という趣旨の企図に対して、「上を強要し奉ることは絶対にいけない」と言い聞かせていたことから証されよう。「形式的」なことを否定したからと言って天皇制に反対とか抵抗などということにはならない。北が「万歳」を拒否したことから発するその種の解釈は、過剰な思い込みに過ぎない。
西田も最後は思想運動家として青年将校達に殉じようという気持ちになっていたことはすでに見たとおりである。この二人の「志士」らしい堂々とした振る舞いは、それを目撃した裁判・刑務所関係者により広く伝えられ、二・二六事件と昭和維新運動は政治的挫折にもかかわらず後年「神話的光彩」を放つことになる。

真崎と二・二六

次に真崎大将の裁判を見ていきたい。
真崎と事件のかかわりを見ていくには、とくに事件前のことが大事だからよく検討しておくことにしよう。

若し万一青年将校に軽挙のことあらんか、悉くしらみつぶしにつぶさるべく、元老重臣の存する限り決して何事も出来ざるべく、只に彼等自身を亡すのみならず、直に予の失脚を来す等彼等の術中に陥るに至るべし。予は片脚を既に棺桶に投じあり。別に意とせざるも吾人の思想は弾圧せらるるに至るべし。深く青年将校の指導に注意を要す（『真崎甚三郎日記一』二四六頁）。

これが彼の青年将校との関係についての事件前の基本認識である。真崎は青年将校の「軽挙」を恐れていた。それは彼らの運動が崩壊するからであるが、またそれは自らの「失脚」につながるからでもあった。両者のつながりが深いものと見られていたからである。

しかし、彼は青年将校の「煽動」者、「国家の攪乱者」とみられることを極度におそれており、「青年将校には直接に会見せざることとなし」ていた（『真崎甚三郎日記一』三二四、三四六頁）。磯部・栗原など面会を求めて断られていることもある。

それでも昭和十年（一九三五）暮れごろにはかなり多くの青年将校に会っており、たとえば、十二月二十一日における対馬中尉との会見後の感想は「彼等の考は幼稚にして誤解多し」（『真崎甚三郎日記二』三二五頁）というものであった。年功を経た彼からみれば、青年将校は「幼稚」なのである。

しかし、彼らは真崎にとって必要な存在であり、十二月二十八日の香田との会見に見られるように「青年将校の之（国体明徴問題及維新運動）に対する努力未だ足らずと難じ」たり、「相沢中佐の蹶起精神を称揚し」たりしていた（『二・二六事件・判決』四六〇頁）。

青年将校側からこれをみれば、反対派に追いつめられた真崎は自分らを「利用すべく接近し」つつあった（『現代史資料二三』四五五頁）ということになる。両者はもちつもたれつの微妙な関係にあった。

そして既述のように、真崎は前年暮れから、山本英輔海軍大将との連携、従来反対派と考えられていた建川美次を包容するため陸相にするというプランの促進、相沢事件公判の特別弁護人満井佐吉中佐を仲介とした十月事件の首謀者橋本欣五郎大佐との接触などの工作を深めつつあった。この橋本らとの連携工作には参謀本部作戦課長の石原莞爾も加担していた（『真崎甚三郎日記二』一九〇、二九五

頁、『二・二六事件秘録二』三三八、四七二、四八〇頁、『二・二六事件秘録二』二六五、二七五頁)。

こうした中、昭和十一年(一九三六)二月十二日に真崎は憲兵から「青年将校本夜龍土軒に会合しあり」、「真に危険が迫りあり、本月下旬には危険なりと」(『真崎甚三郎日記二』三七四頁)の報告を受けており、さらに二十一日に亀川哲也から「青年将校等の蹶起の機運急迫せる動向を告げ」られ「如何なる事態惹起すとも、決して彼等を見殺しにせざるよう懇請」(『二・二六事件・判決』四〇二頁、『二・二六事件秘録二』三三八頁)されている。

したがって彼は、二月末ごろに青年将校が「暴発」するだろうことを確実に知っていた。それも一般の事情通以上には知っていたであろう。しかし、だからと言ってこれまでにみてきたような両者のずれからして、彼は、直接的な意味での事件の背後的存在ではなかった。彼にとっても大量の暗殺と軍隊の出動はショックであったにちがいないのである。

しかし、前述のように真崎と青年将校はほとんど一体の関係にあるとみられていた。もはや逃れられない立場にあった彼は、このつくられた状況に乗っていくしかなかった。また、彼とても、青年将校たちが「暴発」した場合に事態を自派に有利に導くための対処策をまったく考えていなかったわけでもなかろう。こうして、二十六日早朝の真崎は「俺の様な老人迄引出す積りか」(『二・二六事件研究資料二』七八頁)という形で作り出された状況に引き出されていき、一定の時点までは青年将校たちの期待どおりに行動することとなった。その意味では、状況をつくっておいて乗せるところまでもっていけば真崎は乗ってくるにちがいないと考えていた青年将校たちのプランは正しかったといえよう。

これ以後のことはすでに叙述した。二十六日早朝四時半、亀川から「蹶起」を告げられた真崎は、加藤寛治大将と伏見宮邸で会う旨を電話連絡で決めておき、陸相官邸におもむいた。そして、青年将校とともに川島陸相に参内を慫慂。自分は伏見宮邸へ赴き、待ち合わせた加藤とともに伏見宮に強力内閣の組織や大詔渙発を進言。加藤とともに伏見宮に随伴して車で参内。宮中に到着後は侍従武官長室で拝謁を待たされた川島に再度大詔渙発等を慫慂。そして、午後の非公式軍事参議官会議で、青年将校に有利な『陸軍大臣より（陸軍大臣告示）』を出すのに手を貸した。

しかし、真崎が積極的だったのはここまでで、夕方の青年将校と軍事参議官たちとの会談では別室に満井中佐を呼んで青年将校の説得を頼み、二十七日には他の三大将らと青年将校を説得したりしているが、政治的動きはほとんど何もしていない。

従って、結論的に言えば、事実としては、真崎に青年将校を政治的に利用しようというところがあったことは事実だが、クーデターなどは寝耳に水だったのである。そして、ある程度はそれを利用しようとしたがそれもうまくいかなかったということなのである。

真崎裁判の結果

真崎大将は四月二十一日に憲兵隊の取調べを受け、東京陸軍軍法会議に送致され昭和十二年（一九三七）一月二十五日に起訴、六月一日に第一回公判が開始された。

この三日後、六月四日に近衛内閣が成立した。近衛文麿を首相にするため種々尽力した志賀直方という陸軍予備少将は皇道派の荒木貞夫の友人であった。真崎を無罪にすべく、荒木が動き、首相の近衛もこれに同調する。首相自ら杉山元陸相に働きかけ、荒木も磯村裁判長を説得した。宮中関係者の間ではこれは大きな問題となったが、もともと政治的色彩の濃い裁判である。政治的介入に弱い面を持っていたといえよう。三人の判士の中で真崎有罪説を採っていた小川関治郎陸軍法務官は大山文雄陸軍省法務局長に呼び出され「協議」をさせられている。

七月十五日の第一六回公判では、反乱者を利す罪で禁錮一三年の求刑が行われていたが、九月二十五日第一七回公判で無罪判決が出た。

それは「法律を超越する判決」だが、「時局的政治的処置として適切なる判決」と「大審院検事局方面」からも見られたのである（「松木日記（抄）」二九九頁）。七月七日の盧溝橋事件に始まった日中戦争が拡大し国内の統合が求められていたからである。その意味では真崎は幸運であったが、同じように巻き込まれながら銃殺刑に処せられた北・西田に比され批判される運命を背負ってしまったことも事実であった。

ただし、北らの処刑も、真崎の判決も、ともにすでに始まっていた日中戦争の中では大きな出来事と見られなかったことはいうまでもない。

二・二六事件をめぐる論点

エピローグ

最後に全体としての二・二六事件の意味を理解するにあたって必要な論点を六点にわたり考察しておこう。

一、政治への影響――事件後、広田内閣が成立するが組閣人事への陸軍の干渉は前例を見ないものであった。組閣本部の挙げる大臣候補者に次々に注文をつけて取り替えさせ、外相を予定されていた吉田茂も辞めさせたのである（筒井清忠・二〇〇七、第一章参照）。

二十二士の墓

本来反省すべき陸軍がそのようなことを成しえたのは、ほかでもないこの事件の衝撃力にあった。そして事件は〝軍の言うことを聞かないとテロやクーデターが起こるかもしれない〟という威嚇力として以後の政治に重大な影響を与えることになっていく。しかし、終戦時の宮城占拠事件まで実際にクーデター事件があったわけではないから、逆に言うと、軍部の力を留めることができなかった言い訳にしきりに利用されることになったということでもある。

軍の派閥対立

二、軍の派閥対立――事件後、陸軍から皇道派は決定的に勢力を失う。変わって石原莞爾を中心とした石原派（満州派）が急速に台頭し、翌年の宇垣内閣流産や林内閣組閣を行っていくが、林内閣組閣を頂点として凋落が始まり日中戦争が始まると石原自身が左遷される。以後、太平洋戦争の少し前の頃までには東条英機・武藤章・富永恭次ら永田鉄山の下に統制派として結集していた人々が結果的に軍の要職についているが、かつてのような共通の意志や結束があったわけではないからそれらは旧統制派グループとでも呼ぶべきであろう。この点、永田存命時のグループを「永田派」と呼ぶことを主唱している北岡伸一氏の提言は正鵠を射ていると言えよう（北岡伸一、八五頁）。また石原派と東条派の抗争は根深く続いたので、〝二・二六事件後の陸軍は統制派が支配した〟というような言い方は全く誤りである。この点は拙著『昭和十年代の陸軍と政治』に詳述したいくつかの陸軍大臣成立の経緯を見ればすぐにわかることである。

一方、皇道派は陸軍の中での影響力は失ったが、昭和十年代を通じてのエース的政治家近衛文麿が皇道派よりであったため政界上層部での影響力は残り続けることとなる。具体的には、荒木貞夫・柳《やな》川平助《がわへいすけ》らが入閣し、太平洋戦争中には吉田茂らと反東条の共同戦線を張り、終戦後の東久邇宮内閣には小畑敏四郎が入閣するのである。

そして、彼らの力によって皇道派がもっと強ければ、日中戦争・太平洋戦争のコースはなかったという皇道派史観が生じることになる。

社会的影響

三、社会的影響——『改造法案』的な社会の平準化の発想は、青年将校や北一輝が処刑されたからといって消えたわけではない（既述のように『改造法案』中の国内改革プランの原型はかなりの程度、明治三十六年〈一九〇三〉の『社会民主党宣言書』によるものであり、また北自身記しているように明治維新の「四民平等」の精神を受け継ぐものであった）。

それは岸信介等の革新官僚や一部の軍人たちに受け継がれて、統制会、小作人の地位向上、自作農創設、厚生省設置（保健所・妊産婦手帳等創設）、国民健康保険制度、労働者年金（厚生年金）保険制度、食糧管理制度、配当制限制などの戦時の資本主義の規制や弱者保護の諸改革となり、さらに財閥解体、農地改革などの戦後改革や新憲法にまで繋がっていくのである。

それは、平準化を目指す彼らの志向が大きな時代の趨勢とつながっていたからであったが、「財閥の転向」と言われた財閥の社会政策的施策を導き出すなどの、クーデター事件のインパクトによるところがあることも無視はできない。

事件後にできた広田内閣の内務省社会局長官広瀬《ひろせ》久忠《ひさただ》は〝貧富の差が拡大し社会情勢が急激に悪化した中、事件は「一種の革命」として引き起こされたのであり、事件により「この社会不安を取り除くため強力な社会政策を打ち出すべきことを痛感した」（厚生省二十年史編集委員会、四頁）〟と語っているのである。

その意味では青年将校のクーデターは失敗したのだがその政策的企図の一部は長い時間をかけてあ

る程度実現していったといえるかもしれない。

政軍関係論

四、政軍関係論——文民政治家の統治枠外に軍隊が独立していて、「政治」からの干渉を拒否するという意味での「統帥権の独立」と本事件は無関係である。

この意味での「統帥権の独立」は、内閣外に自立した軍令機関（陸軍の場合参謀本部）が首相・内閣に拘束されずに天皇に直属していることを柱にして成立していたが、青年将校の軍事クーデターはこの制度にかかわりなく起きている。参謀総長が軍全体を動かして軍事クーデターを起こそうとしたのであればシヴィリアン・コントロールで防ぎえたかもしれないが、シヴィリアン・コントロールが完備していても一部の下部青年将校領導の反乱型軍事クーデターまで防ぐことはできないからである。

しかし、政治と軍事の相互不干渉という意味での戦前期日本の政軍関係のあり方（これが本来の意味の「統帥権の独立」である）が、本事件と無関係かというとそうではない。政軍相互不干渉関係という意味での「統帥権の独立」は、「政治」の軍事不関与の代償として軍人の政治関与を禁止していた。現役軍人は選挙権・被選挙権・政治的言論の発表・政治集会・政治結社結成などすべての政治参加の機会を剝奪されていたのである。世界恐慌の中農村の疲弊を部下の兵隊を通して知った青年将校達は、政治参加を全く禁じられていたため、軍人のみに可能で効果も絶大な軍事クーデターに走ったという面も強い。その意味では軍人の政治参加の禁止が軍事クーデターの一つの要因だったのである。

軍人の政治参加を禁じたことが原因となった事件を通して、軍の政治参加・政治進出が進行していったところに昭和前期の政軍関係をめぐる一つのパラドックスがあったともいえよう。

天皇型政治文化

五、天皇型政治文化——暗殺・要地占拠のインパクトにもかかわらず事件は政治的クーデターとしては成功しなかったが、その要因の一つが天皇周辺の優れた政治判断にあったことはすでに記した。

しかし、その背後には「天皇型政治文化」があったことは忘れられてはならない。すなわち、この文化圏では「御聖断を仰ぐ」というワンクッションを、連続する政治過程に必ず入れねばならず、一気呵成に進行させることを旨としたクーデターというものと相容れないプロセスをクーデター側は経ねばならないのである。これは政治的成功という点では極めて不利な条件である。

そのことは彼ら自身自覚しており、そこに日本的特殊性を見ていた。

外国ならば成功全くうたがいなし。然れども、我国体上、宮城に参入し大権発動を強請し奉るが如きは、絶対に許さざるなり。故に我等同志は国賊を討伐して、皇国体の真姿顕現をこれ祈るのみ（山本又、一三七―八頁）。

政軍関係論の視角からクーデターの比較類型論を展開したサミュエル・ファイナーは「政治文化」の成熟度と「軍の政治介入」＝軍事クーデターの成功可能性との間には反比例の関係があるとしている。すなわち政治文化が成熟していないほど軍事クーデターが成功しやすいというのである。そして、二・二六事件、カップ一揆（一九二〇年、ドイツ）、四月反乱（一九六一年、フランス）を、「発展段階」（英米のような「成熟段階」に次ぐ第二段階）の事件として同じカテゴリーのものとしている（S.E. Finer, pp. 77–88）。

これは、一理あるように見えるが、結局一種のトートロジーにすぎないと言えよう。英米的な議会制民主政治を至上の「段階」とした上での、「成熟していないこと」と「クーデターが成功する」こととは等号で結ばれる内容だからだ。そして、上述のようなワンクッションを置かねばならないプロセスの有無というのは、ここには組み入れられていない。それは文化圏による相違であって政治的発展の段階の問題ではないのだ。

そうすると政治段階論的見方を超えたこの事件の根本的な性格規定という問題が残ることとなってくるが、この点は次に検討することにしよう。

青年将校運動の両義性と二・二六事件

六、青年将校運動の両義性——改造型の中心の磯部・栗原・村中の三人のうち、村中が改造型を経て最終的には天皇型へと回帰していたことはすでに述べた。これは単純な天皇型でもなく改造型でもない。天皇型で行動しているのだが、できうればかいくぐってきた改造型での成功も望みたいという発想も持っているのであり、裏返して言うと改造型がうまくいかなければ天皇型の心情に殉ずればよいという発想だともいえる。突き詰めてでてきたものだから矛盾があるわけではない。そして、思考回路としては上記のようになるが、政治的結果としては最小の達成結果から最大の達成結果に至る間の程度の問題になる。

そして改造型の栗原もいざとなると「至誠が足らない」という発想であることはすでに見た通りである。二・二六事件とは、こういう両義性で成り立っていたクーデター事件である。青年将校の内部に二類型があり、一人の内面に二類型が混在していることがあるのである。繰り返すがそれは絶対的に矛盾しているわけではない。

この点、死刑になった林八郎少尉の友人の小林友一が次のようなことを書いていることを、池田俊彦少尉が紹介している。

もし仮に私が二・二六の指揮官であったとすれば、首相、重臣などには一人も手をつけない。まず一挙に宮城を占拠し、同時に内閣諸機関と新聞・報道機関を占領する。そうして、新内閣首班の大命を、陛下に強請して、その内閣の組閣が完了するまでがんばる。

要はクーデターであって、もともと非常、非理、非合法の行動である。やる以上は、この根本に徹して腹を据え、目的達成までは生半可な妥協とか、希望的観測ないし期待を差し挟《はさ》むべきではない（池田俊彦、二六四—五頁）。

後半部はそれなりに説得性があるが、前半部は説得性が少ない。①首相の暗殺がないと内閣の交代が起りにくい、②宮城の占拠はすでに見たようにマイナス面が多い、③「大命を、陛下に強請」することなど天皇主義の青年将校の同意が得られるわけもなく村中が放棄したことであったからである。

これに対して池田は次のように言っている。

私はこういう考えは、第三者の感想で、また事件をやらない者の考えだと思った。林の言った通り「やった者でなければわからない」という言葉の重みのみ胸にこたえる。(中略)このような方法、手段は事件の本質に反するものと私は考えている(池田俊彦、二六五頁)。

「このような方法、手段は事件の本質に反する」という池田の言は②も含むが、主に③を指していると見てよいだろう。二・二六事件は二つの類型の青年将校によって行われたのだが、全体としてもまた個人の内面においても改造主義は絶えず天皇主義を内包していることを理解していないと、一般的なクーデターとしての成功に目を奪われた結果、現実性のないこうした議論が生まれてくることになるのである。

改造主義にも見られる天皇主義的性格は重要なのでもう少し考察しておこう。

青年将校運動の先駆者の一人大岸頼好大尉は次のようなことを言っている。

理窟の通る通らぬよりあの人のやったことなら間違いないといわれるようにならなければ嘘だ(末松太平・上、一九四頁)。

彼らにとっては人間としての誠実さが第一なのである。だから彼らの中には、兵に敬語を使って軍内で問題になったり、料亭で芸者に敬語を使うような人達さえいた。

十月事件の際、青年将校運動の中心人物末松太平が、クーデター成功の暁には鉄血章が配布されるという噂を聞いて会合で幕僚に言ったのは「あんたは在京部隊の将校を利で誘いましたね。道理でたくさん集まっていますよ。大岸中尉は同志十人あれば天下のこと事は成る、といったが、十人どころか大変な人数ですよ。私なんかもう出る幕じゃないから引込みますよ」(末松太平・上、八三頁)というクーデターの内部に見られる功利性への批判であった。

彼らの運動が熱心な支持者を獲得しえたのは、彼らの運動の持っていたそうした「誠実性」であった。すでに述べたように、当時、彼らの周辺で起きていたのは、実の父親が満州の前線にいる息子に、死後国から下がる金欲しさに「必ず死んで帰れ」という手紙を送ってくるという現実、そして実際遺骨が帰ると遺族たちが金欲しさにそれを営門の前で奪い合うという現実であった。こうした現実を前にして全国の連隊に次々に国家革新運動に入る青年将校が生じてきたのであり、そうした青年将校を彼らの運動が獲得できたのもその運動の「誠実性」にあった。昭和維新運動はそこから出発している。だからこそ、二・二六事件が起きた時、弘前の東奥日報社を訪れた末松を若い記者たちが取り囲んで「こんどこそはなんとか維新に持っていかなければ……と口々に目をかがやかしていったのだった。東北農村の疲弊を膚《はだ》に感じている記者たちでもあった」のである(末松太平・下、二六五頁)。

「要は動機の純不純にあった」というのが彼らの基本的発想なのであり、「蹶起部隊が妥協していたら二・二六事件も、ある程度の成功を見ていたかも知れない。しかしそれが果たして正しい意味の成功であり、国民にとって歓迎すべきものであったかどうかは別の問題である」(末松太平・下、九二―三頁)というのが、彼らの内部からの基本的受け止め方なのである。

これまで本書で見たようにそれは相当に緻密に計画されたクーデターであったが、クーデターの現実性を考えた中枢部の人々も「誠実性」の枠内にいたし、それが運動の原点だったのだから動かすわけにはいかなかったのである。そのことは政治的クーデターとしての成功の可能性を減じさせるが、それはそれでかまわなかったのである。

その意味では、村中の思考回路が事件全体を表わしており、そこに終始した事件であったといえよう。言い換えると、彼らを、政治を結果責任と見る視点から批判することはたやすいが、それ自体一つの政治観にとらわれている見方に過ぎないともいえるということである。すなわち、最終的には彼らはもっと大きなものに賭けたのだとも言えよう。ここに彼らの評価の難しさがあるし、それが二・二六事件というものなのであった。

あとがき

二・二六事件についての初めての論文を書いたのは昭和五十四年（一九七九）だから、研究を始めてからもう四〇年近くとなる。さらに最初に関心を抱き始めたのは中学・高校の頃に映画『叛乱』を見てからだから、そこから数えると五十年くらいになる。

この間色々なことがあった。新しい「発見」と称して随分おかしなものがまかり通ったことも一度ならずあり苦笑したものだが（それらについては本文中に記した）、遅々としてだが正確な資料に基いた研究は着実に進んできたものである。本書は筆者の最初の研究をもとにしそれらの成果を取り入れてまとめたものである。

今、書き終えて思い出すのは研究の当初の頃に出会った、今は歴史上の存在となった人物達のことだ。北一輝の弟子的存在であった寺田稲次郎、北一輝の片腕でともに刑死した西田税の妻西田初、二月二十六日に磯部浅一に撃たれ陸相官邸前の雪を鮮血で染めた片倉衷、血盟団のメンバーで前蔵相井上準之助を射殺した小沼正、神兵隊事件（昭和八年のクーデター未遂事件）のメンバー毛呂清輝、相沢中佐と親しかった有末精三、村中孝次の知人であった谷田勇など色々な人に話を聞いたものである

（敬称略）。

寺田稲次郎氏の話は聞いている内に深夜となり、とうとうお宅に泊めてもらった。大正の終わり頃に北一輝と大川周明とが「何が純乎として純なる日本精神なのか」をめぐって対立、大川が「古今集」などの歌集を挙げたのに対し北が「日本刀」を挙げたというような話は忘れられない。「日本精神」という言葉は大正末に大川の作った行地社で使われ始めたようだが、言葉の適否をはじめ、いつまでも検討され続ける問題であろう。お宅の部屋に置いてあった家具が北一輝のものだということであったが今はどうなっているのだろうか。

西田税夫人の西田初氏のところには青年将校運動研究者の竹山護夫氏とともに出かけお話をうかがった。西田税処刑の日のことを「予め詳細に通告された。残酷だと思う」と言われたのが印象的であった。資料を貸すと返さない人がいて困ると言っておられたが、私は幸い貸して貰えた。西田税処刑後の生活はさぞかし大変だったと思うが、毅然とした優しい方であった。ともあれ西田税という人については何かわかったような気がしたものである。

片倉衷氏は大事なことは何も話されなかった。機密に属するようなことに携わった人は大体こういうものだと思い驚かなかったが、感心したのは尽きぬその圧倒的迫力だった。八〇歳を超えておられてこれでは若い時はさぞかしと思われたのである。ただ、（これは二・二六事件に直接かかわる話ではないが）昭和十二年（一九三七）林内閣組閣途中に片倉氏ら満州派が組閣本部を追放されてからは要職に就いていないということを話された時は悔しそうであったことが印象に残る。もっともその結果、片倉氏は東京裁判で被告にされることにならなかったのだが。

挙げ出すときりがないのでこのくらいにしておこう。私がこういうことを書いたのは、若い世代の研究者の中には相当全体の見通しがずれたことを書く人が増えて来たのだが、それはどうもこういう経験がなくなって来たからではないかと思うからだ。私の書いたものにいささかなりとも臨場感があるとすれば、上記の人に接したことが大きいと思う。しかし、若い人にこれを望んでも無理だろう。どうすれば若い人にも臨場感がある現代史が書けるのか。考えねばならない段階に来ていると言えるだろう。

ともあれぜひしておきたいと思っていた二・二六事件研究の成果の総整理とそれに伴う新しい考察とができたことは実にありがたいことであった。写真などの収録に関してお世話になった関係各位、また本書の完成全体にわたりご配慮いただいた吉川弘文館編集部に謝意を表したい。

二〇一四年五月

筒　井　清　忠

※二刷りにあたり、『昭和天皇実録』に従い必要な個所の訂正を行った。

二・二六事件の研究史（資料的文献も含む）

1、岩淵辰雄『軍閥の系譜』中央公論社、一九四八年

最初に出た皇道派サイドから見た昭和陸軍史。著者は近衛文麿・吉田茂らとともに太平洋戦争の末期に和平工作に尽力し、憲兵隊に検挙された人。後にもこうした皇道派寄りのものはいくつか出た。石橋恒喜『昭和の反乱　上・下』（高木書房、一九七九年）はより中立的だが、東京日日新聞記者であった筆者はやはり青年将校に近かった人。ただし記憶違いも少なくない。

2、新井勲『日本を震撼させた四日間』文藝春秋、一九四九年

山口一太郎などの青年将校の回想記がすでに雑誌に出ていたが、最初に出た単行本の青年将校の回想記。著者は蹶起に参加していないので最中枢部ではなかったが、やはり内部についてかなり詳しく、青年将校を知るには参考になることが多い。

3、高宮太平『軍国太平記』酣灯社、一九五一年（中公文庫、二〇一〇年）

陸軍省詰め朝日新聞記者の手になる統制派寄りの昭和陸軍史。その意味では朝日新聞は統制派に近かったわけである。荒木貞夫と青年将校の関係を「甘え」の関係として誇大に書くなどしており（幻惑された人も多い）、皇道派に否定的な内容が多い。しかし、「杉山参謀次長の手記」などの重要な史料を収

めている。

4、立野信之『叛乱』六興出版、一九五二年

当時未公開であった青年将校達の遺書などを駆使して事件の全貌を初めて描いた作品。もちろんあくまで小説だが未公開の資料に基づいたものなので比較的正確であり、初めて事件の真相に迫るものとして読者を驚かせ直木賞を受賞した。また、映画化され（新東宝映画『叛乱』一九五四年）多くの反響を呼び、事件への関心を呼び覚ますに当たり大きな力となった。ただ、末松太平は、相沢叙述などに偏見があるとしている。

5、福本亀治『兵に告ぐ―流血の叛乱二・二六事件真相史―』大和書房、一九五四年（→『秘録二・二六事件真相史』大勢新聞社、一九五八年）

東京憲兵隊の特高課長として事件の捜査に中心的に関わった著者の体験を綴ったもの。北一輝・西田税の動きなどについて貴重な内容が多い。他に憲兵の手によるものとして大谷敬二郎の一連の著作があるが、『昭和憲兵史』（みすず書房、一九六六年）が代表的なものといえよう。

6、河野司編『二・二六事件―獄中手記・遺書―』河出書房新社、一九五七年（増補版、一九七二年）

立野の小説のもとにもなった青年将校達の遺書などの資料が初めて公刊されたもの。これによって青年将校の肉声が初めて一般に知られることになった。特に磯部浅一の「行動記」は中心人物の手記とし

て後の研究に決定的資料となった。従って今日でも研究の基本文献である。現在新刊書店で入手できないのが惜しまれる。

7、北一輝『北一輝著作集一―三』みすず書房、一九五九、八四年

みすず書房から出される一連の昭和超国家主義運動関係書の皮切り的書物。初めて北の書が容易に読めるようになったことの意義は大きい。ただ第三巻の「年譜」は訂正が必要であろう。また、第一作『国体論及び純正社会主義』に北自身が自筆改訂したものは長谷川雄一・C・W・A・スピルマン・萩原稔編『自筆修正版国体論及び純正社会主義』（ミネルヴァ書房、二〇〇七年）として刊行されている。

8、高橋正衛他編『現代史資料四・五・二三　国家主義運動一―三』みすず書房、一九六三、七四年

昭和超国家主義運動研究の基本資料を収める文献である。とくに二三巻には二・二六事件と真崎大将の関係を知るための重要資料が収められた。ただこの巻には北一輝の著作でないものが北の著作として収められるというようなミスがある。ともあれ本書中の資料を熟読しておかないと事件は十分理解できない。

9、末松太平『私の昭和史』みすず書房、一九六三年（中公文庫　上・下、二〇一三年）

青年将校運動の最深部からの初めての正確なレポート。本書によって運動内部の複雑な人間関係が初めて詳細に明らかになった。彼らの人間性を知るためにも、事件研究のためにも必読の基本文献である。

その後運動の中心にいた青年将校の回想記としては、大蔵栄一『二・二六事件への挽歌―最後の青年将校―』（読売新聞社、一九七一年）、池田俊彦『生きている二・二六』（文藝春秋、一九八七年、ちくま文庫、二〇〇九年）なども出ており、いずれも極めて有益である。

10、高橋正衛『二・二六事件―「昭和維新」の思想と行動―』中公新書、一九六四年（増補改版、一九九四年）
刊行の時点までの資料をもとにした7、8、9の編集を担当した高橋氏の手になる初めてのまとまった二・二六事件についての概説書。同じ著者による『昭和の軍閥』（中公新書、一九六九年、講談社学術文庫、二〇〇三年）も青年将校の内面や陸軍士官学校事件などの事件前史についての有益な記述を持つ。

11、橋川文三「昭和超国家主義の諸相」『現代日本思想大系三一　超国家主義』筑摩書房、一九六四年（↓橋川文三『昭和ナショナリズムの諸相』名古屋大学出版会、一九九四年所収）
昭和超国家主義分析の基本視座を据えた優れた研究論文。青年将校の内面分析に優れる。このほかの橋川の昭和ナショナリズム分析も事件解明に重要であり後者はそれらをまとめて収録したもの。それは、平板な「日本ファシズム」研究の近代主義的限界を突破した今日も朽ちない、切れ味の鮮やかさを持った考察に満ちている。

12、池田純久『日本の曲り角』千城出版、一九六八年
自ら統制派を以て任じていた統制派の中心人物の回想記。二・二六事件後、統制派が陸軍を支配した

という類の歴史叙述は本書を読んでいない人が書いていることがわかる。なお、同じく統制派の人の手になる代表的な著作として武藤章『比島から巣鴨へ』（実業之日本社、一九五二年↓上法快男編『軍務局長武藤章回想録』芙蓉書房、一九八一年、『比島から巣鴨へ―日本軍部の歩んだ道と一軍人の運命―』中公文庫、二〇〇八年）と片倉衷『片倉参謀の証言―叛乱と鎮圧』（芙蓉書房、一九八一年）がある。武藤章『比島から巣鴨へ』での二・二六事件についての記述は少ないが統制派的発想の理解に役立つ。片倉衷『片倉参謀の証言』は磯部に撃たれた片倉の回想記。だが、自己の役割の過大評価の傾向がやや強い。

13、竹山護夫「陸軍青年将校運動の展開と挫折一・二」『史学雑誌』七八編六・七号、一九六九年（↓竹山護夫『昭和陸軍の将校運動と政治抗争』名著刊行会、二〇〇八年所収）

青年将校運動全体についての初めての本格的研究。やや叙述にわかりにくいところがあるが、貴重な史料が多く含まれており、今日でも参考になる秀れた研究である。

14、松本清張『昭和史発掘八―一二』文藝春秋、一九六九―七一年（↓松本清張・藤井康栄編『二・二六事件＝研究資料一―三』、文藝春秋、一九七六―九三年）

松本が二・二六事件研究のための多くの基本資料を発見した意義は大きい。それらを収めたのが松本・藤井編者である。ただし、やむをえないこととはいえ今日の研究水準からすると誤りも少なくない。この点については24北博昭著を参照。

15、林茂他編『二・二六事件秘録』全四巻、小学館、一九七一―二年
収録された憲兵隊の資料などにより軍法会議の裁判の様子が初めてかなりの程度知られるようになった。今日でも基本資料の一つと言えよう。

16、北岡伸一「陸軍派閥対立（一九三一～三五）の再検討―対外・国防政策を中心として―」（↓『官僚制としての日本陸軍』筑摩書房、二〇一二年）、佐々木隆「陸軍『革新派』の展開」『年報近代日本研究一　昭和期の軍部』山川出版社、一九七九年
両論文とも19や南次郎大将の日記などを駆使して、この時期の陸軍の派閥対立の構造を初めて本格的に明らかにしたものである。その意義は極めて大きく、今日でもまず読まなければならないものの一つである。

17、NHK取材班『戒厳指令「交信ヲ傍受セヨ」―二・二六事件秘録―』日本放送出版協会、一九八〇年
戒厳司令部の行った電話盗聴録音盤を再現した番組の書物版。事件研究上新たに明らかになったことはそれほどないが、「北一輝の声」を聞かせて驚かせた。しかし、本当に北の声なのか当初から疑問視する声も強く、結局後に中田整一『盗聴二・二六事件』（文藝春秋、二〇〇七年）でプロデューサー自ら取り消した。

18、香椎研一編『香椎戒厳司令官秘録二・二六事件』永田書房、一九八〇年

戒厳司令官であった香椎浩平中将の手記と戒厳司令部参謀部の「二・二六事件機密作戦日誌」などを収める。基本資料の一つである。

19、『真崎甚三郎日記一―六』山川出版社、一九八一―七年

8の二三巻と本資料により真崎大将と事件の関係はほぼ全容が明らかになった。逆に言うと基本的にここに書いている以上のことがあるわけではない。

20、筒井清忠『昭和期日本の構造』有斐閣、一九八四年（改題『二・二六事件とその時代―昭和期日本の構造―』ちくま学芸文庫、二〇〇六年、このうち二・二六事件についての研究の初出は一九七七年）

クーデターとしての二・二六事件の構造を初めて解明した書。この事件を解明するためには青年将校を分類していく必要があるとして、『日本改造法案大綱』に対する態度をメルクマールにして「改造主義派」と「天皇主義派」に分けることを提唱した。また、クーデター計画の構成を段階的に明らかにし暫定政権に向けての改造派の上部工作の全貌や木戸幸一内大臣秘書官長の対処案が決定的に重要であることなどを初めて解明した。本書はこの書を発展させたものである。

21、原秀男・沢地久枝・匂坂春平編『検察秘録 二・二六事件一―四』角川書店、一九八九―九一年

「NHK特集 二・二六事件、消された真実」一九八八年というテレビ番組のもとになった資料。沢地久枝氏は『雪はよごれていた―昭和史の謎二・二六事件最後の秘録―』（日本放送出版協会、一九八八

年）という書物も出版している。

この資料から、二月二十六日午後二時頃から開かれた非公式軍事参議官会議で決められた『陸軍大臣より（陸軍大臣告示）』が非公式軍事参議官会議より前に出されていると見られていた時期が検察側の捜査の初期段階においてあったことがわかり、ここから真崎甚三郎ら皇道派の将官たちが予めこうしたものを準備していた陰謀があったという方向で放送が行われたのである。

すなわち、「蹶起の趣旨に就ては、天聴に達せられあり」など青年将校に有利な内容が盛られていると見られた『陸軍大臣より（陸軍大臣告示）』が近衛師団司令部に電話で伝えられたのが「午前十時五十分」と書いた記録があるため、事件前に真崎大将らによりあらかじめこれが作られていたのだとする陰謀説が唱えられたのである。

この点、この番組を見た末松太平は次のように書いている。

「真崎大将の総理大臣野望、大臣告示、二・二六事件は、青年将校の計画の外に、前から何らかの策動が仕組まれていたように沢地並びにＮＨＫテレビは解説した」（末松太平「羊頭をかかげて」田村重見、一七六頁）。

しかし、沢地氏らが存在してないとしていた裁判資料がその後発見され、その精査から『陸軍大臣より（陸軍大臣告示）』が近衛師団司令部に伝えられたのは午後「三時十五分頃」と確定している。陰謀説は、捜査の初期段階の検察側の一部の「見込み」を実証的根拠もないままさらに拡大したところから出てきたものなのであった。今日、このような「将軍たちの陰謀説」は裁判史料を基に捜査の初期段階の一仮説に過ぎなかったとして明確に否定されている（24北博昭、二六―九頁を参照）。

22、伊藤隆・北博昭編『二・二六事件―判決と証拠―』（新訂版）朝日新聞社、一九九五年
　存在していないと考えられていた裁判資料が東京地検にあることを突き止めた北氏がそのうち判決部分を伊藤氏とともに活字化したもので、その功績は研究上計り知れない。池田俊彦編『二・二六事件裁判記録―蹶起将校公判廷―』（原書房、一九九八年）は裁判資料中の蹶起将校公判廷の部分を活字にしたもの。これも極めて有益である。

23、松本一郎『二・二六事件裁判の研究―軍法会議記録の総合的検討―』緑蔭書房、一九九九年
　法学者による裁判資料を使った二・二六事件裁判の研究であるが、本文中に記したように裁判の暗黒面を詳細に解明した優れた研究書である。本書も多くを負っている。また事実関係についても多くを明らかにしており有益である。なお最近刊行された『道程―松本一郎著作集―』（緑蔭書房、二〇一四年）にも有意義な論稿が収められている。

24、北博昭『二・二六事件全検証』朝日新聞社、二〇〇三年
　裁判記録を発見し、判決部分を活字にした北氏による事件研究の集大成。既述のように14や21の誤りを正すなど極めて意義が大きい。本書執筆にあたっても多くを負った。

25、須崎愼一『二・二六事件―青年将校の意識と心理―』吉川弘文館、二〇〇三年

裁判資料を使った箇所は有益であり、本書も負った所がある。しかし、研究史についての叙述がなく（「紙数の関係」という〈同書一三頁〉）、「彼ら（事件の中心的青年将校）を一括して、北・西田の影響をうけた青年将校とみなすことは、二・二六事件像をミスリードする可能性が高い」（同書五頁）と書いてある。しかし、青年将校を北の影響を受けた者とそうでない者とに分けることから事件を解明した拙著20は二〇年近く前に出ているのである。

また、その他にも疑問点がある。一例を挙げておくと、十月事件失敗後、誰が暴露したかをめぐって橋本欣五郎大佐グループと西田税らが対立した会合について「この会合について（中略）不明であるが、（中略）西田が事件暴露の張本人にされてしまったことは想像に難くない」（五〇頁）とある。しかし、末松太平『私の昭和史』（みすず書房、一九六三年）、五五―七一頁にこの会合のことについては詳しく書いてあるのだから、「不明」「想像に難くない」ということにはならないであろう。

26、山本又『二・二六事件蹶起将校最後の手記』文藝春秋、二〇一三年

やや年齢等が離れていて特異な立場にあった山本の手記。初めて活字になったことも多い。一例を挙げておけば、本文に記したように、警視庁屋上からの手旗信号を磯部が受信したことについての記述（一二三頁）は、従来はっきりしなかった警視庁占拠部隊と他の部隊との関係（宮城問題を含む）についての考察に重大な手がかりとなる事実である。

以上、研究史上の主な文献を採り上げた。これからは、不正確な根拠から不正確な事件叙述を行う著

作が現われることがないことを望みたい。

なお、『木戸幸一日記』『木戸幸一関係文書』『西園寺公と政局』『本庄繁日記』など昭和史全体にわたる基礎資料については除いたことをご了解いただきたい。

参考文献（復刊書の引用に際しては↓下の最新文献に依った）

頻出文献（本文中には略記で表示した）

池田俊彦編『二・二六事件裁判記録―蹶起将校公判廷―』原書房、一九九八年↓『二・二六事件裁判記録』と略記

伊藤隆・北博昭編『二・二六事件―判決と証拠―』（新訂版）朝日新聞社、一九九五年↓『二・二六事件・判決』と略記

河野司編『二・二六事件―獄中手記・遺書―』河出書房新社、一九五七年↓増補版、一九七二年↓『二・二六事件・獄中手記』と略記

林茂他編『二・二六事件秘録一、二、三、別巻』小学館、一九七一年、一九七一年、一九七二年↓『二・二六事件秘録』と略記

原秀男他編『検察秘録　二・二六事件一、二、三、四』角川書店、一九八九年、一九八九年、一九九〇年、一九九一年↓『検察秘録二・二六事件』と略記

松本清張・藤井康栄編『二・二六事件＝研究資料一、二、三』文藝春秋、一九七六年、一九七六年、一九九三年↓『二・二六事件研究資料』と略記

「証人訊問調書証人川島義之」『THIS IS 読売』一九九三年十二月↓「証人訊問調書証人川島義之」と略記

新井　勲『日本を震撼させた四日間―二・二六事件青年将校の記録―』文藝春秋、一九四九年↓文春文庫、一九八六年
池田純久『日本の曲り角―軍閥の悲劇と最後の御前会議―』千城出版、一九六八年
池田俊彦『生きている二・二六』文藝春秋、一九八七年↓ちくま文庫、二〇〇九年
石橋恒喜『昭和の反乱―三月クーデターから二・二六事件まで―上・下』高木書房、一九七九年
岩淵辰雄『軍閥の系譜』中央公論社、一九四八年
内田信也『風雪五十年』実業之日本社、一九五一年
NHK取材班『戒厳指令「交信ヲ傍受セヨ」―二・二六事件秘録―』日本放送出版協会、一九八〇年
大蔵栄一『二・二六事件への挽歌―最後の青年将校―』読売新聞社、一九七一年
大塚健洋『大川周明―ある復古革新主義者の思想―』中公新書、一九九五年↓講談社学術文庫、二〇〇九年
奥野　貫『嗚呼朝日平吾』神田出版社、一九二二年
香椎研一編『香椎戒厳司令官秘録二・二六事件』永田書房、一九八〇年
片倉　衷『片倉参謀の証言―叛乱と鎮圧―』芙蓉書房、一九八一年
加藤寛治著、伊藤隆他編『続現代史資料5　海軍加藤寛治日記』みすず書房、一九九四年
加登川幸太郎『陸軍の反省　上』文京出版、一九九六年
刈田　徹『昭和初期政治・外交史研究―十月事件と政局』増補改訂版、人間の科学新社、一九八九年
同『大川周明と国家改造運動』人間の科学社、二〇〇一年
北　一輝『北一輝著作集一、二、三』みすず書房、一九五九年、一九八四年

同著、長谷川雄一・C・W・A・スピルマン・萩原稔編『自筆修正版国体論及び純正社会主義』ミネルヴァ書房、二〇〇七年
北岡伸一『官僚制としての日本陸軍』筑摩書房、二〇一二年
北　博昭『二・二六事件全検証』朝日新聞社、二〇〇三年
木戸幸一『木戸幸一日記　上・下』東京大学出版会、一九六六年
木戸幸一『木戸幸一関係文書』東京大学出版会、一九六六年
近代日本研究会編『年報近代日本一　昭和期の軍部』山川出版社、一九七九年
厚生省二十年史編集委員会編『厚生省二十年史』厚生問題研究会、一九六〇年
埼玉県編『二・二六事件と郷土兵』埼玉県、一九八一年
斎藤　瀏『二・二六』改造社、一九五一年
末松太平『私の昭和史』みすず書房、一九六三年→『私の昭和史―二・二六事件異聞―　上・下』中公文庫、二〇一三年
菅波三郎「昭和風雲私記（23）（29）（34）―（37）」『南日本新聞』一九六四年九月十七、二十五、三十日、十月四日
須崎愼一『二・二六事件―青年将校の意識と心理―』吉川弘文館、二〇〇三年
須山幸雄『西田税―二・二六への軌跡―』芙蓉書房、一九七九年
副田義也『内務省の社会史』東京大学出版会、二〇〇七年
高橋正衛『昭和の軍閥』中公新書、一九六九年

同『二・二六事件―「昭和維新」の思想と行動―』中公新書、一九六四年→増補版、一九九四年
高宮太平『軍国太平記』酣灯社、一九五一年→中公文庫、二〇一〇年
竹山護夫『昭和陸軍の将校運動と政治抗争』名著刊行会、二〇〇八年
田々宮英太郎『二・二六叛乱』雄山閣、一九七四年
同『橋本欣五郎一代』芙蓉書房、一九八二年
立野信之『叛乱』六興出版、一九五二年
田中惣五郎『北一輝―日本的ファシストの象徴―』（増補版）三一書房、一九七一年
谷田　勇『龍虎の争い―日本陸軍派閥抗争史―』紀尾井書房、一九八四年
田村重見編『大岸頼好　末松太平―交友と遺文―』一九九三年
塚本定吉「軍獄秘録」『日本週報』四八〇号、一九五九年
筒井清忠『昭和期日本の構造』有斐閣、一九八四年→『二・二六事件とその時代』ちくま学芸文庫、二〇〇六年
同『昭和十年代の陸軍と政治』岩波書店、二〇〇七年
同『昭和戦前期の政党政治―二大政党制はなぜ挫折したのか―』ちくま新書、二〇一二年
中田整一『盗聴二・二六事件』文藝春秋、二〇〇七年
中谷武世『昭和動乱期の回想　上・下』泰流社、一九八九年
中尾裕次編、防衛庁防衛研究所戦史部監修『昭和天皇発言記録集成　上巻』芙蓉書房、二〇〇三年
萩原　稔『北一輝の「革命」と「アジア」』ミネルヴァ書房、二〇一一年

橋川文三『アジア解放の夢』筑摩書房、一九六二年→ちくま学芸文庫、二〇〇八年
同著、筒井清忠編・解説『昭和ナショナリズムの諸相』名古屋大学出版会、一九九四年
長谷川雄一・C・W・A・スピルマン・今津敏晃編『満川亀太郎書簡集―北一輝・大川周明・西田税らの書簡―』論創社、二〇一二年
秦　郁彦『軍ファシズム運動史・増訂版』河出書房新社、一九七二年
福家崇洋「二・二六前夜における国家改造案―大岸頼好『極秘　皇国維新法案　前編』を中心に―」『文明構造論』（京都大学大学院人間環境学研究科）第八号、二〇一二年
福本亀治『兵に告ぐ―流血の叛乱二・二六事件真相史』大和書房、一九五四年→『秘録二・二六事件真相史』大勢新聞社、一九五八年
堀　真清『西田税と日本ファシズム運動』岩波書店、二〇〇七年
真崎甚三郎著、伊藤隆他編『真崎甚三郎日記　一、二』山川出版社、一九八一年
松本一郎『二・二六事件裁判の研究―軍法会議記録の総合的検討―』緑蔭書房、一九九九年
松本清張『昭和史発掘一〇』文藝春秋、一九七〇年
丸山眞男『現代政治の思想と行動』（増補版）未来社、一九六四年
満川亀太郎『三国干渉以後』平凡社、一九三五年→論創社、二〇〇四年
三宅正樹他編『昭和史の軍部と政治一　軍部支配の開幕』第一法規出版、一九八三年
武藤　章『比島から巣鴨へ』実業之日本社、一九五二年→『比島から巣鴨へ―日本軍部の歩んだ道と一軍人の運命―』中央文庫、二〇〇八年

山本　又『二・二六事件蹶起将校最後の手記』文藝春秋、二〇一三年
S. E. Finer, The Man on Horseback–The Role of the Military in Politics, Second, enlarged edition, Penguin Books, Middleesex, 1976
今井清一・高橋正衛編『現代史資料四　国家主義運動一』みすず書房、一九六三年
高橋正衛編『現代史資料五　国家主義運動二』みすず書房、一九六四年
高橋正衛編『現代史資料二三　国家主義運動三』みすず書房、一九七四年
『新勢力』一九六五年二月五日号、一九六五年
『人物往来　特集二・二六事件』一九六五年十月号、人物往来社、一九六五年
『歴史と人物　特集証言二・二六事件』一九八一年二月号、中央公論社、一九八一年
「証人訊問調書（抄出）証人石原莞爾」『THIS　IS　読売』一九九三年十二月
「第三被告人訊問調書（抄出）被告人満井佐吉」『THIS　IS　読売』一九九三年十二月
「松木日記（抄）」『世界』一九九四年三月
※網羅的文献目録としては以下の三点を挙げておきたい。
「二・二六事件関係文献目録」林茂他編『二・二六事件秘録別巻』小学館、一九七二年
「血盟団、五・一五事件、二・二六事件関係文献目録」原秀男他編『検察秘録　二・二六事件四』角川書店、一九九一年
「二・二六事件等関係文献目録」松本一郎『二・二六事件裁判の研究―軍法会議記録の総合的検討―』緑陰書房、一九九九年

略年表

西暦	和暦	事項
1883	明治16	4.3 北一輝誕生.
1886	19	12.6 大川周明誕生.
1888	21	1.18 満川亀太郎誕生.
1901	34	10.3 西田税誕生.
1902	35	2.18 大岸頼好誕生.
1904	37	菅波三郎誕生.
1905	38	9.11 末松太平誕生.
1906	39	5. 北一輝『国体論及び純正社会主義』刊行・発売禁止.
1918	大正 7	7-9. 米騒動. 10.9 老壮会第1回会合, 参加者：満川亀太郎, 大川周明ほか（大正11年までに44回開催）. 12. 東大新人会結成（吉野作造顧問）.
1919	8	6.28 ヴェルサイユ講和条約調印. 8.1 猶存社創立, 主要メンバーに満川・大川. 8.8 大川, 北を迎えるため上海に出発. 北一輝『国家改造案原理大綱』秘密刊行. 12.31 北, 帰国.
1920	9	岸信介・中谷武世ら, 東京帝大「日の会」結成.
1921	10	6.23 アタル氏追悼講演会. 9.28 朝日平吾事件. 10.27 バーデン・バーデンの盟約（永田鉄山, 小畑敏四郎, 岡村寧次）. 11.4 原敬暗殺.
1922	11	4. 西田, 北を訪問. 8. 山梨軍縮（将校2200, 准下士官以下6万名整理）.
1923	12	2. 猶存社解散. 5. 北一輝『日本改造法案大綱』公刊. 8.17 ワシントン海軍軍縮条約公布.
1924	13	5. 宇垣軍縮（将校1200, 准下士官以下3万3000名整理）. 6.11 護憲三派内閣成立.
1925	14	3.29 普通選挙法成立. 4. 行地社設立, 大川が中心, メンバーに満川・西田税ら. 8. 安田共済事件, 西田税が行地社から脱退, 北の門下に入る.
1926	昭和元	6.17 宮内省怪文書事件. 7.29 朴烈怪写真事件.
1927	2	11. 木曜会結成.
1928	3	6.4 張作霖爆殺事件.
1929	4	5. 一夕会結成, メンバーに永田鉄山・小畑敏四郎・岡村寧次ら. 10- 世界恐慌.

西暦	和　暦	事　　　　項
1930	昭和 5	1.11 金解禁政策実施（井上準之助蔵相）. 4.22 ロンドン海軍軍縮条約調印. 4.25 統帥権干犯問題. 9. 橋本欣五郎, 桜会結成.
1931	6	3. 三月事件. 8.26 郷詩会開催, 井上日召・橘孝三郎・藤井斉・西田ら参加. 9.18 満州事変勃発. 10.17 十月事件, 橋本・大川らが計画し, 橋本ら軟禁される. 12.13 犬養毅内閣成立, 荒木貞夫陸軍大臣就任.
1932	7	2.9 井上準之助暗殺. 3.5 団琢磨暗殺（血盟団事件）. 3.11 井上日召, 警視庁に自首. 5.15 五・一五事件.
1933	8	秋 統制派研究会開催, メンバーに永田, 東条英機, 武藤章ら. 11.16 偕行社会合, 皇道派幕僚と青年将校決裂.
1934	9	1.23 林銑十郎陸相就任. 3.5 永田, 軍務局長就任. 11.20 陸軍士官学校事件.
1935	10	7.11 磯部浅一・村中孝次,「粛軍に関する意見書」作成. 7.15 真崎甚三郎教育総監罷免. 8.2 磯部・村中免官. 8.12 相沢事件, 永田軍務局長を斬殺. 12. 第一師団の満州派遣発表.
1936	11	1. 相沢三郎公判. 2.10 蹶起の謀議（磯部・村中・栗原安秀・安藤輝三・河野寿・中橋基明）. 2.18 襲撃目標, 方法, 時期を決定（磯部・村中・栗原・安藤）. 2.22 行動計画と実行日を決定（磯部・村中・栗原・河野）. 2.23 教育総監渡辺錠太郎対象の襲撃計画を追加. 2.24 最後の準備会合, 蹶起後の陸軍上層部工作を磯部・村中・香田清貞が担当. 2.26 0:40 頃, 河野大尉他 8 名歩一の営門を出発. 3:30 頃, 歩三の安藤は約 200 名の部下と出発. 4:20, 歩三の坂井直・高橋太郎・安田優ら約 200 名の部下と共に出発. 4:30 頃, 歩一栗原は 300 名の部下と首相官邸に出発. 近歩三中橋は約 120 名を率いて出発. 歩三野中四郎は部下 500 名を率いて出発. 歩一丹生誠忠は部下約 170 名を率いて磯部・村中と出発. 4:50 頃, 鈴木侍従長官邸にて鈴木を撃つも止めを刺さず, 鈴木は一命をとりとめる. 5:00 頃, 坂井・高橋・安田らの隊が私邸にて斎藤内大臣を射殺. 栗原隊が岡田首相の義弟を誤って射殺, 官邸を占拠. 中橋隊が私邸にて高橋蔵相を殺害の後, 坂下門の警備にあたる. 野中隊が警視庁を占拠, 屋上に手旗信号手を置く. 丹生隊が陸軍大臣官邸を占拠, 近隣の陸軍省・参謀本部の門および陸軍省通信所を制圧. 本庄繁侍従武官長, 事件を知る.

西暦	和　暦	事　　　　　項
		5:30 頃，河野隊が湯河原の牧野内大臣を襲撃するが失敗．5:40 頃，侍従から天皇に事件が伝わる，その後木戸幸一内大臣秘書官長，現内閣の辞職を許さず反乱の鎮圧をするという方針を決定．7:00 頃，磯部・村中，川島陸相と面会「蹶起趣意書」「要望事項」を伝え戒厳令も要請．8:00 頃，真崎・山下奉文などが陸相官邸で青年将校と面会，川島陸相に宮中行きを勧める．その後真崎，伏見宮邸に赴き組閣および事件関係者への恩典を含む大詔渙発を宮に言上，宮の後から宮中に参内．伏見宮，天皇に拝謁献言するも退けられる．川島陸相拝謁，暫定内閣樹立を言上するも拒否さる．この前後に宮中に参内していた杉山参謀次長は甲府・佐倉連隊の召致を上奏．13:30 頃，清浦圭吾参内，暫定内閣樹立と大詔渙発を献言拒否される．14:00 頃，軍事参議官会議（非公式）が開かれ，『陸軍大臣より（陸軍大臣告示)』を決める．15:00，香椎浩平東京警備司令官，戦時警備令下令．16:30 頃，陸軍大臣告示が青年将校に伝達さる．17:30 頃，香田・磯部・村中，宮中に入ろうとして阻止される．その後，後藤文夫首相臨時代理が閣僚の辞表を天皇に提出するも受取りを拒否される．川島陸相が暫定内閣成立を献言するも同じく拒否．夜，陸相官邸で青年将校と軍事参議官たちが会談．20:40，戒厳令発布閣議決定，枢密院・天皇裁可． 2.27 1:00 頃，帝国ホテルで石原莞爾・満井佐吉・橋本欣五郎会談，国体の明徴等のための山本英輔内閣案等まとまり，亀川哲也を呼び伝え，さらに亀川はこれを村中に伝えた．2:50，戒厳令適用の緊急勅令公布，この時点では蹶起部隊は戒厳部隊に入る．3:00 以後，青年将校ら石原莞爾らの案を協議，受け入れぬが陸軍省・参謀本部から撤退，首相官邸・議事堂付近に布陣と決定．昼過ぎ，北一輝・西田税より，真崎に一任せよと電話．16:00 頃，青年将校と軍事参議官（真崎・阿部信行・西義一）会見，真崎に一任することとなる． 2.28 5:08，原隊復帰の奉勅命令「臨変参命第三号」出される．5:30，香椎戒厳司令官「占拠」部隊撤収を命令．6:30，蹶起部隊にこれを伝達しようとするも村中・香田の抗議をうけ保留．9:00 頃，戒厳司令部にて香椎戒厳司令官，満井・石原献策の建国精神の明徴・国民生活の安定・国防の充実を旨とする昭和維新の聖勅奉請を進言するも杉山参

西暦	和　暦	事　　　　　項
		謀次長・川島陸相反対．11:00頃，山下奉文，陸相官邸で村中・磯部・野中・香田・栗原らに奉勅命令の実施が近いことを告げ撤退を勧め，青年将校らは勅命を仰ぎたい，「死を賜る」のであれば自決すると告げる．天皇は勅使派遣を拒絶．青年将校はこれを知らぬままに，攻撃して来るなら応戦して死ぬと翻意．16:00，香椎戒厳司令官，武力鎮圧を決心． 2.29 4:00頃，中橋部隊の兵が無断帰営．5:30，住民退避命令．8:00頃，「下士官兵に告ぐ」という帰順勧告ビラ撒布．8:50頃，「兵に告ぐ」という帰順勧告放送が行われる．「勅命下る軍旗に手向うな」というアドヴァルーン出される．10:00頃，村中・野中，ビラを見て帰順を決める．11:00頃，野中・坂井・清原康平・鈴木金次郎らの部隊はそれぞれ解散帰営．13:00頃，安藤大尉，兵に撤退を告げた後自決を図り入院．14:00頃，安藤・河野寿以外の指導部青年将校が陸相官邸に集合，自決を迫る軍上層部に反発，法廷闘争と決定．野中は自決．18:00頃，全員陸軍東京衛戍刑務所に送られる． 4.28 東京陸軍軍法会議（一審弁護人なし非公開）第1回公判開かれる．7.5 第23回公判，判決．7.12 死刑判決の者のうち15名銃殺刑．10.1 第1回北・西田公判．10.22 北・西田論告，求刑．
1937	昭和12	6.1 真崎甚三郎第1回公判．8.13 北・西田公判再開．8.14 北・西田死刑判決．8.19 北・西田・磯部・村中処刑．9.25 真崎無罪判決

著者略歴
一九四八年　大分県に生まれる
一九七七年　京都大学大学院文学研究科博士課程単位修得退学
一九八八年　文学博士（京都大学）
一九九四年　京都大学文学部教授
現　在　帝京大学文学部長・教授、東京財団主席研究員

〔主要著書〕
『二・二六事件とその時代』（ちくま学芸文庫、二〇〇六年）
『昭和十年代の陸軍と政治―軍部大臣現役武官制の虚像と実像―』（岩波書店、二〇〇七年）
『近衛文麿―教養主義的ポピュリストの悲劇―』（岩波現代文庫、二〇〇九年）
『昭和戦前期の政党政治―二大政党制はなぜ挫折したのか―』（ちくま新書、二〇一二年）

敗者の日本史19

二・二六事件と青年将校

二〇一四年（平成二十六）八月一日　第一刷発行
二〇二三年（令和　五　）四月一日　第四刷発行

著　者　筒《つつ》井《い》清《きよ》忠《ただ》
発行者　吉川道郎
発行所　株式会社　吉川弘文館
郵便番号一一三―〇〇三三
東京都文京区本郷七丁目二番八号
電話〇三―三八一三―九一五一〈代表〉
振替口座〇〇一〇〇―五―二四四
http://www.yoshikawa-k.co.jp/
印刷＝株式会社　三秀舎
製本＝誠製本株式会社
装幀＝清水良洋・渡邉雄哉

ISBN978-4-642-06465-1

敗者の日本史

刊行にあたって

現代日本は経済的な格差が大きくなり、勝ち組と負け組がはっきりとした社会になったといわれ、格差是正は政治の喫緊の課題として声高に叫ばれています。

しかし、歴史をみていくと、その尺度は異なるものの、どの時代にも政争や戦乱、個対個などのさまざまな場面で、いずれ勝者と敗者となる者たちがしのぎを削っていました。歴史の結果からは、ややもすると勝者は時代を切り開く力を飛躍的に伸ばし、敗者は旧体制を背負っていたがために必然的に敗れさった、という二項対立的な見方がなされることがあります。はたして歴史の実際は、そのように善悪・明暗・正反というように対置されるのでしょうか。敗者は旧態依然とした体質が問題とされますが、彼らには勝利への展望はなかったのでしょうか。敗者にも時代への適応を図り、質的変換への懸命な努力があったはずです。現在から振り返り導き出された敗因ではなく、多様な選択肢が消去されたための敗北として捉えることはできないでしょうか。最終的には敗者となったにせよ、敗者の教訓からは、歴史の「必然」だけではなく、これまでの歴史の見方とは違う、豊かな歴史像を描き出すことで、歴史の面白さを伝えることができると考えています。

また、敗北を境として勝者の政治や社会に、敗者の果たした意義や価値観などが変化しながらも受け継がれていくことがあったと思われます。それがどのようなものであるのかを明らかにし、勝者の歴史像にはみられない日本史の姿を、本シリーズでは描いていきたいと存じます。

二〇一二年九月

吉川弘文館